기후 위기,
한국교회에 묻는다

기후 위기, 한국교회에 묻는다
— 지구온난화 1.5°C 특별보고서와 한국교회의 성찰

2019년 12월 24일 초판 1쇄 인쇄
2019년 12월 31일 초판 1쇄 발행

지은이 | 김현우 김혜령 송진순 신익상
        이성호 이은경 이정배 이진형 장동현
엮은이 | 한국교회환경연구소
펴낸이 | 김영호
펴낸곳 | 고서출판 동연
주   소 | 서울시 마포구 월드컵로 163-3
전   화 | (02)335-2630
전   송 | (02)335-2640
이메일 | h-4321@daum.net / yh4321@gmail.com
블로그 | https://blog.naver.com/dong-yeon-press

이 책은 환경부 2019 사회환경교육프로그램(종교분야) 지원사업으로
제작되었습니다.

기후위기, 한국교회에 묻는다

지구온난화 1.5℃ 특별보고서와 한국교회의 성찰

이정배 외 **지음** | (사) 한국교회환경연구소 **엮음**

🔥기독교환경운동연대 (사)한국교회환경연구소

최근에 이르러 폭우, 홍수, 가뭄, 태풍, 폭염, 혹한과 같은 기후 재난이 기록을 거듭 갱신하고 있습니다. 1950년 이후 기후 재난은 10배 이상 늘었고, 이로 인한 경제적인 피해는 20배 이상 늘었습니다. 이와 같은 기후 변화가 계속되어 극지방의 동토에 얼어있는 메탄가스가 녹아서 분출되어 나오면 지구의 기후는 걷잡을 수 없이 변하여 통제가 불가능해진다고 보고 있는데, 그때에는 지구 생물의 95%까지도 멸종할지 모른다는 주장도 나오고 있습니다.

2015년에 채택된 "파리기후협정"은 지구 생태계의 파멸을 막기 위해서는 산업화 이전보다 기온이 2도 이상 올라서는 안 된다고 결론을 내렸습니다. 그러나 최근에 두드러지게 나타나는 기후 변화의 피해를 겪으면서 기후 변화정부간위원회(IPCC)는 '지구온난화 1.5도'라는 특별 보고서를 채택하였는데, 2도가 상승할 경우에는 북극의 빙하가 회복 불가능할 정도로 손상되고, 산호초가 거의 전멸하며 기후 난민이 수억 명 발생하여 큰 혼란이 일어날 것으로 예측되었기 때문입니다. 이 1.5도를 달성하기 위해서는 2050년까지는 온실가스가 전혀 배출되지 않아야만 합니다. 그러나 지금까지 전 세계 나라들이 기후 변화 협약에 제출한 온실가스 감축 계획으로는 기온이 3도 이상 올라갈 것으로 예측되고 있습니다.

나라들이 목적하는 경제 성장을 이루기 위해서 온실가스를 더 줄일 수 없다고 버티기 때문입니다. 그러나 지금과 같은 방법으로는 아무리 경제 성장을 이룬들 그 이득은 극소수에게만 돌아가고 대부분의 사람들은 기후 재난으로 인한 손실이 훨씬 더 커서 오히려 더 큰 고통만 받게 된다는 사실을 깨달아야 합니다. 전쟁 준비에 쓰는 돈의 절반만 온실가스를 줄이는데 투자해도 이 비극을 막을 수 있다고 보지만, 불행하게도 세상은 경제 성장과 전쟁 준비에만 몰두하고 있습니다.

우리나라는 어떻습니까? 이명박 정부는 2020년까지 온실가스 배출량을 전망치 대비 30%를 줄인다고 국제 사회에 발표하였지만 실제로는 대폭 늘였고, 박근혜 정부는 이를 10년 연기하여 2030년까지 그만큼 줄이겠다고 했지만 역시 계속 증가시켜 세계를 기만해 왔습니다. 지금도 온실가스를 줄이자는 계획은 우리 사회에서 많은 저항을 받고 있고, 경제 성장만이 우상이 되어 있는 것이 우리나라의 현실입니다. 교회는 하나님이 창조하신 이 땅을 소중히 지키고 가꾸어야 마땅합니다. 그리스도인은 각자가 정직하고 올바르게 살아야 할 뿐만 아니라 정부의 정책도 그렇게 나아가도록 교회가 밀어주어야만 합니다. 이 책이 기후 위기를 맞아 한국교회를 각성시키는데 도움이 되기를 간절히 바랍니다.

"그들은 여호와께서 행하신 일과 손으로 지으신 것을 생각하지 아니하므로 여호와께서 그들을 파괴하고 건설하지 아니하시리로다"
(시편 28:5).

김정욱

(서울대학교 명예교수, 녹색성장위원회 민간위원장)

한국교회 기후 재앙에 응답하다

인류는 지금까지 한 번도 경험해보지 못한 지구 재앙에 직면해 있다. 그 중심에 기후 재앙이 자리하고 있다. 지구온난화는 온도 상승으로 인한 해빙으로 해수면이 상승하고 지형성 홍수와 가뭄으로 식량이 감소하고, 생태계의 파괴와 생물의 대멸종 등 지구적 재앙을 초래하고 있다. 결국 인류가 해결해야 할 가장 시급한 공동의 과제는 지구온난화로 인한 기후 재앙임이 분명하다.

2018년 10월 인천 송도에서 IPCC 기후 변화 총회가 열렸다. IPCC 최종보고서에서 195개국 대표들은 온난화로 인한 피해를 방지하기 위해서는 지구 기온 상승을 1.5도로 제한해야 하며, 이를 위해서는 2030년까지 전 세계 온실가스 배출량을 2010년 대비 45% 줄여야 한다는 특별보고서가 채택되었다. 하지만 이에 대한 국가적 대응을 보면 그야말로 절망적이다.

미국 신학자 존 캅 교수는 1970년대 이미 자본주의 산업문명의 폐해를 간파하고 생태문명으로 전환을 지속적으로 요구했다. 캅 교수는 최근 "끔찍한 재앙을 피할 가능성은 전혀 없다. 이미 광범위한 문명의 쇠퇴를 막을 수 있는 시점은 지났고, 남은 것은 더 나빠지지 않도록 하면서 재건을 위한 기반을 얼마나 남기냐는 싸움뿐이다"라고 말하곤 인류가 살 길은 생태적 회심과 삶의 방식의 전환에 있다고 강조했다.

결국 기후 재앙은 생물의 대멸종을 불러오고 있다. 이미 인간에 의한 여섯 번째 대멸종이 시작되었다. 지구가 더워지면서 지구상에 많은 생물이 부지불식간에 절멸하고 있다. 지구온난화가 지구 생태계를 붕괴시킬 수도 있다는 예언은 현실이 되고 있다. 하지만 더욱 가슴 아픈 건 이렇게 중요한 이슈인데도 불구하고 많은 국가 지도자들이 문제 해결에 앞장서지 않고 있으며, 세계 시민들도 내 문제가 아니라며 기피하고 있다는 사실이다. 하지만 기후 변화는 정치적인 문제인 동시에 도덕적인 문제이며 영적인 문제다.

지구온난화의 원인은 거슬러 올라가다 보면 인간의 탐욕에서 시작되었음을 알 수 있다. 욕심을 저하시키고 검소하게 살아갈 길을 제시해야 할 종교가 오히려 탐욕을 부추겨 지나친 소비와 개발로 자연환경을 지속적으로 파괴하여 왔다. 탐욕을 부추기는 세계관을 바꾸지 않는 한 지구 환경파괴는 지속적으로 발생한다. 지구온난화를 우습게 여기는 사람들, 기후 변화 협약에서 탈퇴하는 나라들, 당장 먹고 살기도 힘든데 무슨 기후 변화냐며 외면하는 사람들로 인하여 지구 붕괴는 급속히 진행되고 있다. 당장 내 문제가 아니라고 생각하는 안일한 태도가 우리의 미래를 망치고 있다.

지난 여름 한반도와 전 세계를 달군 폭염은 예사롭지 않은 신호다. 지구온난화로 인한 다양한 증상은 이미 지구 생태 위기가 도래함을 경고하고 있다. 환경 파괴는 급기야 자연 질서를 무너뜨릴 뿐만 아니라 지구생태계 전체를 위협하고 있다. 이제 환경 문제는 지구 생태계 생존의 문제가 되고 있다.

스웨덴 16세 소녀 그레타 툰베리의 연설과 행동이 주목을 받고 있다. "우리는 세계 지도자들에게 관심을 구걸하기 위해 여기 오지 않았다. 이제 우린 어른들의 방식을 거부할 거다. 그 어떤 삶의 방식도 바꾸지 않으면서 지구 위기를 극복하자고 말하는 것은 거짓말이다. 우리는 변화가 올 것이라고 알려주기 위해 행동한다."

이번 기독교환경운동연대와 (사)한국교회환경연구소에서 "기후 재앙과 한국교회의 응답"을 주제로 몇 차례의 세미나를 열고 그 내용을 책으로 엮어낸 것은 소중한 결실이다. 김현우 연구원은 객관적인 데이터를 중심으로 전 지구적으로 기후 재앙이 이미 시작되었음을 역설했고, 그 대응과 대안이 시급함을 지적하였다. 이정배 박사는 탈성장을 통해 영성을 추구함으로 욕망을 줄여 하늘을 섬기고 자연을 살리고 이웃과 공존하는 길을 가르치고 이를 실현해야할 녹색 종교를 요청하였다. 신익상 박사는 창조 세계 보전 개념을 재정비할 필요가 있으며, 지속가능성이라는 생태학적 개념의 신학적으로 읽기가 요청된다고 보았다. 이성호 박사는 이미 기후 위기를 예언하는 세속적 예언자들이 활동하고 있으니 하나님의 예언자들은 기후 위기를 역설하고, 그 극복 방안을 모색해야 하며, 기후 재앙을 해결하는 길에 적극적으로 참여하는 희망 메시지를 선포해야 한다고 보았다. 이은경 박사는 기후 재앙은 지구적인 문제에 대한 무지에서 시작되었기에 기후 재앙을 주제로 한 다양한 시민교육이 절실하다고 보았고, 송진순 박사는 기후 변화는 재앙의 도미노로 범지구적이고 동시다발적이며 연쇄적인 영향으로 자연재해로 이어지기에 불의한 경제와 정치 구조를 비판하는 예언자의 정신과 저항의 삶을 이루어가는 것이 기후 재앙 앞에선 그리스도인의 최소한의 의무이자 책임이라고 주장했다. 김혜경 박사는 기독교가 본질적으로 기후 재앙에 대하여 안일한 것은 생태계 위기에 대해 피상적으로 이해한 무지에서 비롯되었다고 지적하며, 이에 대한 깊은 반성과 회개가 우선되어야 한다고 지적했다. 아울러 우주생태적 종말론에 대한 새로운 인식을 요청하였다. 장동현 연구원은 기후 위기를 극복하고자 하는 다양한 운동이 일어나고 있으며 그 중에 멸종저항 운동이나 기후 위기 비상행동을 소개하며 기독교 생태교육의 중요성을 강조하였다. 기독교 생태교육의 목표는 하나님, 인간 자연의 단절된 관계를 다시 회복하자는 것이요, 하나님, 인간, 자연이 온전한 통일을 이루는 것이라고 주장했다. 그 일은 원형적 생명 공동체인 에덴의 회복이라고 보았다.

이미 기후 재앙은 시작되었다. 인류는 이 사실을 인정하고 엄중하게 받아들여야 한다. 인류는 더 이상 지구에 살 수 없게 될지도 모른다. 툰베리의 경고를 시대적 예언자의 소리로 경청해야 한다. 이제 그 어떤 일보다 지구 재앙을 해결하는 일이 급선무이다. 이에 세계 정상들이 지구 재앙을 극복할 수 있는 지혜를 모아야 한다. 아니 이미 대안은 다 나왔는지도 모른다. 툰베리의 말대로 이제 결단만 남아 있다. 과감하면서 신속한 결단이 지구를 재앙에서 구원하게 될 것이다. 지구 재앙에 대한 시시비비를 가리는 데 시간을 낭비할 필요가 없다, 이제 성장을 멈추어야 한다. 탈성장을 위한 정치지도자들의 과감한 결단이 요청된다. 아울러 화석연료에 중독된 삶의 방식을 바꾸어야 한다. 지구 재앙을 극복하기 위한 기독교적 해결방안을 모색해야 한다. 아니 우선 자연 파괴에 대한 기독교 전통의 책임부터 규명해야 한다. 기독교가 전 세계적으로 급속하게 몰락하고 있는 이유 역시 기독교의 이런 반 자연적 신학과 무관하지 않기 때문이라고 김준우 박사는 지적했다.

이 책은 성서의 다양한 생태적 견해를 찾아 지구 재앙에 대한 기독교적 응답을 제시한다. 하나님은 모든 피조물의 창조주이며 만물 안엔 하나님의 보이지 않는 신성과 능력이 있다. 모든 생명은 하나님의 공동 창조자로 창조 세계를 보존할 청지기적 사명을 갖는다.

제인구달 박사는 『희망의 이유』라는 책에서 인류가 지구를 구할 수 있는 길을 제시한다. 하나는 하나님의 몫인 자연의 재생 능력이고, 다른 하나는 인간의 몫인 생명을 살리고자 하는 인간의 불굴의 열정이라고 주장했다. 토마스 베리의 말처럼 이제 성서를 덮자. 그리고 하나님의 몸인 자연을 주목하자. 인류가 나아갈 길을 찾게 될 것이다.

양재성

(기독교환경운동연대 상임대표)

차 례

추천의 글 / 5
머리말 / 8

〈머리글〉

누가 녹색 십자가를 지고 부름에 따를 것인가? ㅣ 이진형   15

제1부 ㅣ IPCC 1.5℃ 특별보고서   27

김현우 ㅣ IPCC 1.5℃ 특별보고서를 통해 본 기후 위기 현실   29

제2부 ㅣ 생태신학과 한국교회의 성찰   53

이정배 ㅣ 기후 붕괴에 직면한 한국교회   55

신익상 ㅣ 기후 위기 시대의 생태신학   78

이성호 ㅣ 기후 변화, 한국교회는 예언자가 될 것인가?   100

이은경 ㅣ 기후 위기 시대, 기독교 시민교육   126

송진순 ㅣ 기후 변화, 세계에 응답하는 그리스도인   151

김혜령 ㅣ 기후 위기 시대, 우리 그리스도인에게 나타나는 안일함의

본질에 대하여   179

장동현 ㅣ "그레타 툰베리의 외침"에서 "기독교 생태교육"까지   203

누가 녹색 십자가를 지고
부름에 따를 것인가?*

이진형**

　최근 언론은 '스웨덴의 소녀가 화장실도 없는 소형요트로 영국 플리머스에서 미국 뉴욕까지 북대서양을 횡단하는 2주간의 모험에 도전'한다는 제목의 기사를 짧게 보도했다. 기사의 제목만 봐서는 〈세상에 이런 일이〉에서 다뤄질 이야기 같다. 하지만 이 '소녀의 모험'은 21세기 인류의 가장 중요한 정치적 결정을 향한 대서사의 서막으로 기억될 것이다. 이 기사의 주인공 그레타 툰베리(Greta Thunberg)는 2003년생, 그러니까 한국 나이로는 17살의 스웨덴

---

* 이 글은 월간 「복음과 상황」 346호(2019년 08월 23일), "커버스토리"에 게재한 글입니다.
** 기독교환경운동연대 사무총장

국적의 여성 청소년이다. 그는 프란체스코 교황과도 독대하는 저명 인사이자, 노르웨이 의회에서 추천하는 강력한 노벨평화상 후보이다. 또한 수백만 명의 팔로워와 함께 국제 사회의 여론을 이끄는 가장 뜨거운 정치인이다.

그레타 툰베리는 관심 분야, 활동 분야가 제한되어 같은 행동 양상을 반복하는 증세를 보이는 아스퍼거 증후군(Asperger disorder)을 가지고 있다. 어느 날 그레타 툰베리는 바다의 플라스틱 쓰레기 때문에 고통받는 동물의 모습을 보여준 환경 다큐멘터리를 보게 되었다. 그때부터 그녀는 지구를 위해 자신이 할 수 있는 일을 찾기 시작했다. 지구를 걱정하는 수많은 사람들을 만나 기후 변화와 환경 문제의 해결책을 토론했다. 그녀가 내린 결론은 지금까지의 해결책으로는 기후 변화의 문제가 해결되지 않는다는 것이었다. 사람들이 그녀에게 이야기한 기후 변화의 해결책은 책임 있는 행동이 빠진 공허한 이야기들뿐이었다. 그때부터 그녀는 "학교에서 뭘 배우죠? 정치인들은 기후 변화가 심각하다는 과학자들의 말도 듣지 않아요. 그런데 내가 왜 과학을 배워야 합니까?"라며 매주 금요일 기후 변화에 책임이 있는 스웨덴과 유럽의 정치인에게 행동을 요구하는 '기후를 위한 등교 거부 운동'을 시작했다. 이 운동은 '기후시위'(#climatestrike), '기후를 위한 학교파업'(#schoolstrike4climate), '미래를 위한 금요일'(#Fridaysforfuture)이라는 이름으로 전 세계 270여 개 도시로 퍼져나갔다.

2018년 12월 폴란드 카토비체에서 열린 "유엔 기후 변화협약 당사국총회" 단상에 오른 그레타 툰베리는 "당신들은 아이들을 그 무엇보다 사랑한다고 말하지만, 당신들은 아이들의 눈앞에 있는 미래를 훔쳐가고 있습니다"고 하며 세계의 정치 수반들을 향한 연설을 시작했다. 하지만 그가 "기후 위기에 대해 진지하게 받아들인 척만한 정치인들, 당신의 침묵은 죄악입니다"라는 연설을 하기 전, 그의 말을 새겨들었어야 할 정치인들은 이미 회의장을 빠져나갔고, 그녀를 지지하는 몇몇 사람들만이 자리에 남아 그녀의 연설에 귀를 기울였다. 그리고 오는 9월 뉴욕에서는 세계 각국이 기후 변화로 인한 파국을 막기 위해 2050년까지 이산화탄소 배출을 제로로 만드는 계획을 이야기를 나누는 '기후행동 세계정상회담'이 열린다. 이 회담 역시 이전의 수많은 기후관련 회의들과 같이 결론 없는 허무한 말잔치가 될 가능성이 높다. 그 때문에 세계의 시민사회는 이번 회담에서 획기적인 합의가 이루어지기 위해 정부를 압박하고 있다. 그러기에 이번 뉴욕 '기후행동 세계정상회담'에 참석하기 위해 그레타 툰베리는 이산화탄소를 배출하지 않는 전기 요트로 대서양을 건너가는 기후 행동에 나선 것이다. 이 회담을 위해 세계 각국의 정상들과 수많은 수행원들은 기후 변화를 걱정하는 그들의 말과는 달리 대량의 이산화탄소를 배출하는 교통수단을 사용하게 될 것이다. 그래서 이번에는 그레타 툰베리가 정치인들이 회담장으로 모이기도 전에 이산화탄소 배출을 제로로 만들어야 한다는 강력한 '행동'으로 세계 정상들에 압력을 행사한 것이다.

이제 지구의 상황에 무관심하려고 해도 무관심할 수 없는 상황이 되었다. 방송사의 뉴스, 신문의 지면, 포털의 메인 기사에 기후 변화와 환경 문제에 관련된 언론보도가 빠지지 않는다. 이제 사람들은 기후 변화, 생물종 감소, 미세먼지, 플라스틱 쓰레기, 강의 녹조, 난개발, 유전자 조작 식품, 핵폐기물이 심각한 문제라고 생각한다. 이제 기후 변화와 환경 문제들이 경제 성장을 위해 어쩔 수 없이 감수해야 하는 것이라고 생각하는 사람은 없다. 지구가 심각한 위기에 처해있고, 빨리 해결책을 찾지 못하면 지구의 생태 시스템의 한계를 넘어서는 것도 시간문제라는 사실을 거의 모두가 인정하고 있다. 그런데 왜 아직도 기후 변화와 환경 문제가 해결되고 있지 않는 걸까? 그리고 특히나 교회와 그리스도인들은 기후 변화와 환경 문제에 무관심한 걸까?

예루살렘에서 여리고로 가는 길. 죽었는지 살았는지, 강도를 만나 피투성이가 된 사람이 쓰러져 있다. 그가 피를 흘리고 쓰러져 있는 것을 제사장도, 레위 사람도 잘 알고 있었다. 예수님께서 그들이 그를 "피해서 지나갔다"고 분명히 이야기하셨으니까. 우리는 문제를 회피하는 요령을 잘 알고 있다. 세상은 넓고 피하는 방법은 많다. 제사장과 레위 사람이 유독 악독한 사람이어서가 아니라 대부분의 사람들이 우선 문제를 피하고 본다. 약속시간에 늦지 않아야 할 이유도 있고, 만일 죽은 사람이라면 그를 만지면 부정을 범하게 되는 이유도 있고, 당시에 흔했던 죽은 척 하다가 달려드는 강도를 경계

했을 수도 있다. 그를 피해야 할 이유로 논문을 한 편을 작성할 수도 있다. 심리학에서 '회피기제'는 우리의 무의식이 우리 자신을 보호하려는 욕구로 만들어낸 강한 본능이라고 이야기한다. 우리는 오랜 시간 회피를 통해 우리 자신을 지켜왔다. 하지만 회피라는 본능은 결코 문제를 해결하는 방법이 아니다.

이제 한 사마리아 사람이 피투성이로 쓰러진 사람을 피하지 않고 그에게 다가간다. 그리고 그를 살리기 위한 행동에 나선다. 그는 왜 그런, 본능을 넘어서는 행동을 했을까? 우선 예수님은 그가 그 순간 "측은한 마음"이 들었다고 한다. 제사장도, 레위 사람에게도 측은지심을 가지고 있었을 테지만 그들에게는 회피의 본능이 더 강하게 작동했다. 반면 사마리아 사람은 자신의 측은한 마음에 솔직히 반응하는 사람이었다. 때문에 그는 모든 두려움을 무릅쓰고 강도를 만난 사람 곁으로 다가선다. 그리고 그 사마리아 사람은 "올리브 기름과 포도주를 붓고 싸맨 다음에, 자기 짐승에 태워서, 여관으로 데리고 가서 돌보아주었다"고 예수님은 이야기하신다. 그는 환자에게 신속하고 적절한 조치를 취한다. 그는 상황을 분석하고 대처할 수 있는 의료적, 보건적, 복지적 지식을 가진 사람이었다. 그는 올리브 기름이 빵이나 샐러드에 뿌려서 먹는 것만이 아니라 상처를 살균하고 보호하는 기능이 있다는 것을 알고 있었다. 그리고 그가 골든타임 안에 청결하고 안전한 장소로 옮겨져 적절한 치료를 받아야 하고, 그가 치료를 받는 동안 무엇보다 지속적으로 심리적인 안정을 취해야 한다는 것 역시 잘 알고 있었다. 지금 상처 입어 쓰러진 사람에게 무엇보다 적절한 치료가 필요하고 자신에게 그러한 일을 할 수 있는 힘이 있다는 생각이 그를 행동으로 이끈 것이다. 강도를 당한 이에게 다가가 손을 붙잡고 율법을 암송하며 축복기도를 해주었다면 그의 마음은 잠시 평화로워졌을지 모른다. 하지만 그 사이 치유의 기적이 일어나지 않았다면 그의 상처는 더 손쓸 수 없는 지경이 되었을 테다.

예수님의 이야기에서는 상처받은 생명을 치유할 줄 알았던 사마리아 사람의 올바른 '행동'이 강도 만난 사람을 살릴 수 있었던 것이다. 결국 예수님께서는 이 선한 사마리아 사람을 통해 예수님께서는 우리가 현실을 피하지 말라고 이야기를 하신다. 강도가 누구인지, 강도 만난 사람이 어떤 종교를 가지고 있는지는 중요하지 않다. 지금 이 순간 중요한 것은 죽어가는 생명을 살리는 일이다.

지금 우리가 지구의 문제에 다가가 그 문제를 해결하기 위한 행동을 시작하는 것, 이것이 예수님의 길이다. 지금 우리의 현실에서는 상처투성이 지구가 쓰러져있다. 하지만 많은 정치인들과 정부 관료, 기업들은 슬쩍 쳐다만 볼 뿐 저마다 가던 길을 가고 있다. 교회와 교회의 그리스도인들 역시 쓰러진 지구를 멀찌감치 떨어져 쳐다보며 지구의 심각한 상태를 쯧쯧 안타까워할 뿐이다. 우리가 여전히 기후 변화와 환경 문제를 멀찍이 떨어져서 지켜보고 있는 이유는 이 일이 지금 우리의 현실이 아니라는 생각 때문이다. 아니, 더 정확히는 여전히 우리가 우리의 현실을 피하고 있기 때문이다.

상처투성이 지구와 마주하지 않기 위해 가장 우리는 기후 변화와 환경 문제는 먼 미래의 일이라고 여유를 부린다. 지구의 상황이 더 심각해지기 전까지는 10년, 20년, 2050년까지, 2100년까지는 아직 여유가 있다고 생각한다. 하지만 지금 이 순간도 3초마다 하나의 생물종이 멸종하고 있으며, 오늘은 인류가 경험하는 지구 평균 기온이 가장 높은 날이고, 올 한 해에도 수천만 명의 기후 난민들이 발생하여 생존을 위해 몸부림을 치고 있다. 기후 변화로 인해 북반구의 선진국과 적도 지역과 남반구의 개도국 간의 경제 격차는 더욱 확대되고 있다. 기후 변화는 지금 우리의 현실, 오늘을 바꾸지 않으면 내일을 기다릴 수 없는 일이다. 우리는 지금 지구의 기후 변화를 어찌할 수 없는 기후 변화의 임계점을 아슬아슬하게 지나고 있는 것이다. 생수, 에어컨, 공기청정기, 전열기가 감추고 있는 오늘의 현실을 바라보아야 한다.

또 우리는 기후 변화에 책임이 있는 사람들이 이 문제의 해결에 나설 것이라고 핑계를 대고 있다. 힘 있는 정부가, 정치인이, 기업이 기후 변화를 벗어나기 위한 획기적인 대책을 마련할 것이라고 기대를 한다. 그들이 대책을 마련하고 있기는 하다. 얼음이 녹아내린 북극에 새로운 유전을 개발하고 있고, 기후 변화에 대비해 알래스카에 호화로운 벙커를 짓고 있으며, 지구를 탈출해서 살 수 있는 달과 화성의 식민지 건설에 천문학적인 돈을 투자하고 있다. 세계 정부는 여전히 석유화학 철강 농업, 기후 변화를 만들어낸 탄소동맹의 일원일 뿐이다. 이제 세계의 시민들이 기후 행동에 나서고 있다. 도시마다 기후 시위, 기후 파업으로 정부와 정치권을 압박하고 있다. 오는 9월 뉴욕 기후행동세계정상회담에는 사상 최대의 시위대가 모여 세계 각국에 탄소 배출제로 정책을 촉구할 것이다. 국내의 정당과 정치인들 가운데 탄소 제로에 적극적으로 나설 이들이 있을까? 기대와 바람을 접어야 하는 게 우리의 현실이다. 이제 기후 문제의 해결을 위한 새로운 기후 정치가 필요할 것이다.

그리고 한 가지, 우리는 교회가 기후 변화를 위해 무엇인가를 하기를 바란다. 그리스도인들이 환경 문제에 필요한 역할을 해야 한다고 생각한다. 교회가, 그리스도인들이 해야 할 일이 한 가지 있다. 어쩌면 교회만이, 그리스도인들만이 할 수 있는 일인지도 모르겠다. 그것은 지구를 위한 조건 없는 희생과 헌신이다. 기후 변화와 환경 문제를 해결하는 것은 참 어려운 일이다. 하지만 기후 변화 문제만큼 인류가 지혜를 모아서 과학적인 연구와 자료를 체계적으로 정리하고 있는 문제도 없다. 온실가스 배출을 제로로 만들고 이미 대기 중에 배출된 온실가스를 다시 포집할 수 있다. 바다 위에 떠다니는 플라스틱은 다시 모아서 사용 가능한 자원으로 처리를 할 수도 있다. 대기오염 방지 규제 강화와 미세먼지 저감장치 설치로 맑은 공기를 회복할 수 있다. 강물의 자연스러운 흐름을 가로막는 것들을 걷어내고 맑은 물이 흐르게 할 수 있다. 지구 생태계가 감당할 수 없는 핵발전과 유전자조작 기술로부터 벗어날 수도 있다. 그런데 지속가능한 지구를 만드는 이 모든 행동에는 많은 노력과 시간 그리고 큰 비용이 필요하다. 그리고 또 하나 문제는 가장 먼저 해결을 위한 행동에 나선 사람이 가장 큰 부담을 떠안아야 하고 가장 늦게 나선 사람이 가장 큰 혜택을 보는 눈치게임이라는 것이다. 때문에 아무런 조건 없이, 계산 없이 희생과 헌신의 정신으로 행동에 앞장서야 할 사람들이 필요하다.

누가 이 일에 나설 수 있을까? 성서는 우리가 살아가는 지구를 정원사이신 하나님께서 창조하신 생명이 가득한 동산으로 이야기하고 있다. 하나님께서는 맑은 강물이 흐르고 나무가 울창하게 자라는 새 하늘과 새 땅으로 창조 동산을 회복하시는 분이시다. 이 거룩한 창조의 역사가 예수 그리스도의 십자가의 희생과 헌신을 통하여 온전한 모습이 되었다고 고백하는 것이 그리스도인들의 신앙인 것이다. 바로 그 예수 그리스도는 "자기 십자가를 지고 나를 따르라"고 하셨다. 희생과 헌신이 생명의 길이고 구원의 길이라는 것을 말씀하시고 직접 그 길을 걸어가신 것이다. 오늘 우리의 참담한 현실은 교회와 그리스도인들이 아무도 녹색의 십자가를 지려 하지 않았기 때문에 일어난 일이다. 교회와 그리스도인들이 가던 길을 멈추고 지구를 위해 다가가 올리브 기름과 포도주를 붓고 싸맨 다음에, 자기 짐승에 태워서, 여관으로 데리고 가서 돌보아주는 희생과 헌신이 부족했기 때문이다.

그동안 교회와 그리스도인들은 지구에 대한 희생과 헌신이 아닌, 지구의 착취와 학대를 외면해왔다. 교회 안에 배타적인 차별을 합리화하는 인간중심주의, 무한 성장의 신화가 자리를 잡고 있었기 때문이다. 인간중심의 신학, 성장 신화의 신학은 인간만의 구원을 생각했다. 때문에 교회는 인간을 위해 지구를 마음껏 개발하여 사용하는 것이 당연하다고 생각했다. 하지만 노아의 방주는 노아의 가족만을 위해 설계되지 않고 홍수를 피해야 할 모든 살아있는 동물들을 위해 설계되었듯이, 지구는 인간만을 위해 창조된 공간이 아니다. 하나님께서는 노아의 희생과 헌신으로 만든 방주를 이용해서 지구상의 모든 생명을 구원하셨다. 이제 노아와 같이 교회와 그리스도인들이 녹색 십자가를 짊어지고 생명의 길을 열어야 한다.

2018년 48차 기후 변화에 관한 정부 간 협의체(IPCC) 총회에서 채택되었던 '1.5℃ 특별 보고서'에서는 기술적인 노력과 지속가능한 발전을 위한 사회시스템 전환이 시너지 효과를 만들면, 기후 변화에 대응하는 방법이 아주 없지는 않다고 이야기한다. 기술적인 노력은 과학의 역할이겠지만, 사회시스템 전환에는 교회와 그리스도인들이 충분히 제 역할을 할 수 있으며, 이 일을 위해 교회와 그리스도인들이 희생과 헌신할 수 있을 것이다. 또한 이 보고서는 지금 1.5℃ 억제를 위해 필요한 비용이 세계 GDP의 1%라고 이야기한다. 세계 각국의 의지만 있다면 미래를 위해 세계 경제가 충분히 감당하고도 남을 비용이다. 십분의 일은 하나님께 드려서 공동체가 함께 나누고 살아가는 경험을 가진 교회와 그리스도인들이 이 비용을 세계 각국 정부가 아끼지 말고 지출하도록 권면하고 촉구해야할 것이다. 이 보고서는 우리는 아직 기후 변화의 임계점(Tipping Point)을 넘지 않았으며, 우리의 의지와 노력으로 '높은 위험' 수준

일망정 아직은 지구를 생명의 공동체로 유지할 수 있다는 가능성을 이야기한다. 우리의 현실은 그래도 아직은 작은 희망이 보이는 것이다. 이 희망을 모두의 것으로 만들어 생명이 풍성한 하나님의 동산을 회복하는 거룩한 과업에 우리 모두 초대를 받았다. 누가 자기의 녹색 십자가를 지고 부름에 따를 것인가?

제1부

IPCC 1.5℃ 특별보고서

김현우 | IPCC 1.5℃ 특별보고서를 통해 본 기후 위기 현실

IPCC 1.5℃도 특별보고서를 통해 본 기후 위기의 현실

김현우*

인류가 만든 인류세의 시대

오랜시간 동안 직접 기후과학을 다루고 그것을 대중에게 전달하고자 노력해왔던 전 국립기상과학원장 조천호 선생님은 최근 출간한 저서에서 인간에게 알맞은 기후를 만드는 조건은 천문학적인 시간 속에서 아주 우연히 출연했고 또한 그 조건이 바뀌는 것은 인류에게 엄청난 결과를 초래한다는 사실을 잘 설명해준다.[1] 40억

---

* 에너지기후정책연구소 선임연구원
1) 조천호, 『파란하늘 빨간지구: 기후 변화와 인류세, 지구시스템에 관한 통합적 논

년이 넘는 지구의 역사 속에서 정말이지 우연찮게도 지구에 적당한 이심률, 세차운동, 자전축의 기울기가 만들어졌고, 그렇게 지구는 일정한 온도와 대기의 운동을 갖는 환경을 갖게 되었다. 이러한 조건 속에서 생명이 탄생했고, 마지막 빙하기가 끝나고 온난한 기후 속에서 인류는 삼각주를 중심으로 정착 생활을 시작하게 되었다. 지금의 지질 시대를 충적 평야를 뜻하는 '충적세'나 '현세' 또는 인류가 자연과 조화를 이루는 '완전한 시대'라는 의미에서 '홀로세'(Holoscene)라고 부르는 이유다.

그런데 네덜란드의 화학자 파울 크뤼천 등 일군의 연구자들은 지금을 현세나 홀로세라고 지칭하는 것으로는 부족하다며 '인류세'(人類世, Anthropocene)라는 개념을 제안했다. 이것은 단지 수사적인 게 아니라 진지한 학술적인 주장으로서 올해부터는 공인된 개념이 되었다. 말하자면 이제는 인류가 지구 환경에 영향을 미쳐서 새로운 지질 시대를 만들 수준이 되었고, 특히 그 핵심에 인간의 활동이 초래한 기후 변화가 있다는 것이다.

이미 대기 중의 이산화탄소 농도는 405ppm을 넘어서고 있는데, 산업혁명이 시작될 즈음 보다 두 배 가까이 높아진 것이다. 짐작하다시피 산업혁명 이후 인류가 채굴해서 연소한 화석연료가 시나브로 대기 중의 이산화탄소 분자를 늘렸기 때문이다. 1만 개의 공기 분자 중의 이산화탄소 분자가 4개 정도라면 미미한 것으로 느껴지지만, 구조가 안정적인 이산화탄소 분자는 대기 중에 1백 년 이상 존재하

의』, 동아시아, 2019.

면서 오랫동안 온실효과를 일으키기 때문에 가장 문제가 된다.

기후 학자들의 계산에 따르면, 인류가 화석연료를 전혀 태우지 않았다고 가정한다면 이산화탄소 농도는 240ppm까지 낮아질 수 있고, 역시 시간이 걸리겠지만 지구의 온도도 안정화될 수 있다. 그러나 인류세의 진전과 함께 온실가스 배출이 증가하여 안정화의 티핑포인트(임계점)를 넘어서게 되면 지구는 찜통(hot house)에 빠져들게 될 것이다.

단지 이산화탄소의 축적만이 기후 변화에 작용하는 것이라면 상황이 덜 심각할 수도 있다. 앞으로 지구 온도 상승은 이산화탄소 농도에 정비례하는 게 아니라는 점이 더욱 문제다. 예를 들어 시베리아 동토층에는 엄청나게 많은 초본류의 사체가 빙하 아래에 쌓여 있다. 그런데 온난화로 이 빙하가 녹으면서 이 풀들이 부패하기 시작하기 때문에 이산화탄소 보다 수십 배 강한 온실효과를 갖는 메탄이 대기 중에 방출된다. 그리고 남극과 북극 모두 넓은 얼음과 빙하로 덮여있었기 때문에 이것이 태양에너지를 반사하는 거대한 거울 역할을 했지만, 북극해가 녹고 남극에서 커다란 빙산들이 떨어져나오면서 얼음의 자리에 어두운 색깔의 바닷물이 드러나고 있다. 태양에너지를 반사하는 대신 더 많이 흡수하게 되는 것이다. 또한 바다 자체가 품고 있는 막대한 양의 이산화탄소가 있다. 이 역시 바닷물 온도가 조금씩 상승하면서 마치 김빠진 콜라처럼 이산화탄소가 공기 중으로 풀려나게 된다. 이러한 요인들은 기존의 보수적인 기후 모델링에서는 포함되지 않는 것들이다. 때문에 몇 도의 온도 상승이 그러한 티핑포인트일 것인지는 과학자들뿐 아니라 인류 전체에게 심각한 문제가 아닐 수 없다.

교토의정서에서 파리협정까지

IPCC 특별보고서가 나온 맥락을 알려면 유엔 기후체제의 역사를 돌아볼 필요가 있다. 기후의 변화가 인간의 활동과 관련이 있다는 추측은 1800년대 후반부터 제기되었고, 과학자들은 이를 뒷받침할 연구를 진척시켜 나갔다. 1980년대를 지나면서 남극과 북극의 온난화와 히말라야 빙하의 감소 같은 현상들이 뚜렷해졌고 해수면의 상승으로 삶터를 위협받게 된 나라들도 생겨났다. 이러한 상황에 대한 우려가 높아지게 되면서 1988년, UNEP(유엔환경프로그램)와 WMO(세계기후기구)가 기후 변화에 대한 과학적 평가를 정책결정자들에게 주기적으로 제공하기 위해 IPCC(기후 변화에 관한 정부간 패널)를 조직했고, 출범 2년 뒤인 1990년 제1차 평가보고서를 발표했다. 인간의 활동이 초래하는 기후 변화의 심각성을 구체적인 데이터로 보여주며 국제 협력의 중요성을 과학적으로 증명하는 내용이었다.

유엔은 이에 화답하여 1992년에는 브라질 리우데자네이루에서 지구 정상회의를 개최했고, 150개국에 가까운 나라의 참여 속에 '기후 변화에 관한 유엔 기본협약'(UNFCCC)이 체결되었다. 협약

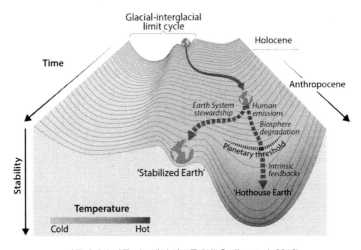

인류세에서 지구 시스템의 경로들 (Will Steffen et al, 2018)

당사국들은 전 세계가 참여하는 탄소 배출 관리 체제를 만들기로 했고, 1997년 교토에서 열린 제3차 당사국총회(COP 3)에서 잘 알려진 '교토의정서'가 출범했다. 교토의정서 체제의 가장 중요한 내용은 IPCC의 진단과 주문을 존중하면서 기후 변화 대응을 위한 각국의 책임과 의무를 처음으로 구체적으로 규정했다. 그래서 선진국(Annex-I에 속하는 총 38개 국가)은 온실가스 의무감축국으로 분류되어 1차 이행 기간에 속하는 2008~2012년 사이에 1990년도 수준에 비해 온실가스를 최소한 5.2% 감축하도록 했고, 국가 간에 감축분 이전이 가능한 '유연성 체제'를 채택하도록 했다.

그러나 당시까지 최대의 온실가스 배출국인 미국의 부시 행정부가 교토의정서를 거부하면서 교토 체제는 출범된 지 얼마 되지 않아 유명무실해지는 듯이 보였지만 유럽연합 국가들의 적극적인 노력으로 명맥을 이어갈 수 있었다. 나아가 2007년의 발리 행동계획에서 교토의정서를 대체할 새로운 기후체제를, 2009년 코펜하겐의 제15차 당사국총회에서 출범시키기로 합의했다. 교토체제에 몇몇 주요 배출국들이 빠졌다는 것, 새로 드러나는 기후 데이터에 따라 온실가스 감축 목표를 다시 조정하고 구체화할 필요성이 커졌다는 것, 그동안 허점을 보였던 유연성 체제를 평가하고 보완해야 한다는 것 등이 이유였다.

그래서 2009년의 당사국총회는 '희망의 코펜하겐'(Hopenhagen)으로 불렸지만, 두 최대 배출국인 중국과 미국의 힘겨루기 속에서 사실상 실패하고 말았다. 새로운 기후체제에 대한 기약도 하지 못한 채 교토의정서 체제만을 일단 연장하기로 하고 끝낸 것이다. 그런 과정을 몇 년 더 거쳐 힘들게 도달한 것이 2015년 파리 당사국총회에서 채택된 '파리협정'이다.

파리협정이 교토의정서와 가장 다른 점은 선진국과 후진국을 나누어 감축 의무를 달리하는 대신에 각국이 자발적으로 온실가스 감축 목표를 약속하기로 한 것이다. 이를 국가별 감축 기여분(NDC)이라 한다. 각국이 자신의 배출량과 경제 및 사회 조건을 고려하여 NDC를 제출하도록 '아래로부터' 목표를 설정함으로써 이탈 국가 발생을 막고 이행력을 보장하겠다는 취지다. 하지만 이 목표가 너무 안일하게 제출되지 않도록 5년마다 이행 실적을 점검하고 목표를 상향하며, 설령 목표 달성을 못한 나라도 애초 목표를 후퇴시킬 수는 없도록 했다. 또한 기후 변화에 따른 '손실과 피해' 이슈를 포함시켰고, 산업혁명 후 온도 상승을 '2도 이하, 가급적 1.5℃ 이하'로 만들도록 노력하는 데에 강조점이 두어졌다.

그런데 이 부분이 이상했다. 시험을 앞둔 학생들의 성적 약속에 비유하자면 '80점을 맞겠다, 그러나 가급적 90점을 위해 노력하겠다'라는 것인데, 이 약속이 온당하다고 받아들일 선생님은 없을 것이다. 이렇게 된 이유는 2도 상승과 1.5℃ 상승에 대한 의미 부여의 차이에 있었다. 2014년 발표된 IPCC의 5차 평가보고서는 2도 상승을 목표로 한 분석을 보여주었지만 그것으로는 온난화의 '티핑포인트'를 막을 수 없다는 우려가 팽배해졌기 때문이다. 더욱이 각국이 제출한 NDC로 온실가스 배출량을 계산해보니 1.5℃ 상승은 고사하고 3도 상승에 달할 것으로 예상되었다.

그래서 수몰 위기에 처한 섬나라들을 중심으로 제3세계 국가들에서는 파리협정에 1.5℃ 목표를 명시해야 한다고 강하게 요구했다. 하지만 미국과 중동 산유국 그리고 한창 경제 성장을 구가하는 후발 개도국들은 그러한 요구를 수용할 수 없었고, 그래서 2도와 1.5℃ 모두를 명기하는 구절이 타협책으로 나온 것이다. 그 대신에, 유엔은 2도 상승과 1.5℃ 상승이 가져올 결과를 세밀히 평가하고 1.5℃ 목표가 가능한 방안을 연구하는 작업을 IPCC에 요청하기로 한다. 그래서 나온 결과물이 1.5℃ 특별보고서다.

2도가 아닌 1.5℃의 의미

지난 10월 8일, 인천 송도에서 열린 IPCC 48차 총회에서 이 특별보고서가 발표되었다. 특별보고서의 원제는 "산업화 이전 수준 대비 지구온난화 1.5℃의 영향과 관련 온실가스 배출경로: 기후 변화에 대한 전 지구적 대응 강화, 지속가능 발전, 빈곤 근절 노력의 측면에서"이다. 특별보고서 전체는 매우 광범한 데이터와 근거 자료를 담고 있어서 1천 페이지가 넘는 분량이고, 실제로 참고가 되는 것은 "정책가들을 위한 요약본"이다. 이 문서는 지난해 12월 폴란드 카토비체에서 열린 제24차 기후 변화협약 당사국총회(COP 24)에서 채택될 것으로 전망되었지만 미국과 산유국들의 반대로 무산되고 말았다. 그러나 유엔 기후 체제에서 사실상 새로운 논의 기준을 제시한 문서임을 부인하는 이는 없다.

이 특별보고서에서 2도가 아닌 1.5℃ 상승을 중요한 기준으로 삼은 것은 지구온난화에 따른 영향과 방아쇠 효과(trigger effect)가 두 온도 사이에 결정적인 차이를 보일 것이라는 예상 때문이다. 즉 티핑포인트와 연쇄 효과를 고려하여 기후 변화의 영향을 종합적으로 전망한 것이다. 그런데 오해하지 말아야 할 것은 1.5℃ 상승이라고 안전하다는 의미가 아니라는 점이다.

이제까지의 1도 상승만으로도 인간에 의한 생물 대멸종이 상당히 진행된 상태다. 해수면이 25cm 정도 높아진 것으로도 여러 섬나라가 물에 잠기고 열대성 폭풍, 폭염, 열파와 가뭄이 눈에 띄게 증가했다. 특별보고서는 금세기 말까지 온도 상승을 1.5℃로 막는다면 2도의 경우에 비해 해수면 상승이 10cm 정도 적어서 수천만 명의 삶터를 지킬 수 있고, 산호 멸종률을 99%에서 30%로 낮출 수 있으며, 곤충과 동식물 서식지의 파괴를 줄일 것이라고 예상한다. 즉 피해가 상대적으로 적거나 그나마 감내할 수 있는 수준이며, 핫하우스 지구로 향하는 티핑포인트에 이르지 않을 가능성이 많다는 뜻이다. 그렇다 하더라도 산호와 맹그로브숲 같은 생태계의 핵들은 회복하기 어려운 상처를 입게 되고, 기후 난민들을 돕기 위해 국제 사회가 서로 큰 부담을 지지 않으면 안 된다.

　IPCC 특별보고서는 1.5℃ 상승 목표 달성이 가능하다고 보지만, 결코 쉽지 않다는 것도 함께 보여준다. 보고서에 따르면, 1.5℃ 목표 달성을 위해서는 이산화탄소 배출량을 2030년까지 2010년 대비 최소 45% 감축해야 하며, 2050년까지 순제로(net-zero) 배출 달성이 요구된다. 즉 2050년에는 총 배출량과 흡수량을 합쳐서 결과적으로 제로가 되어야 한다는 것이다. 또한 2050년까지 1차 에너지 공급의 50~65%, 전력 생산의 70~85%를 태양광, 풍력 등 재생가능 에너지로 공급해야 한다는 구체적인 목표도 적시하고 있다.

특별보고서의 기술적 검토

1.5℃ 특별보고서가 순제로 배출 시점과 재생가능 에너지 목표

를 명시한 것은 우리 앞에 놓인 과제의 심각성을 일깨운다. 하지만 IPCC의 기술적 시나리오는 그냥 받아들이고 적용하면 되는 매뉴얼이 아니라는 점에도 유의해야 한다. 예를 들어 핵발전과 CCS(탄소포집저장) 및 BECCS(바이오에너지를 활용하는 탄소포집저장) 같은 CDR(대기중 이산화탄소 제거) 기술 적용은 앞으로 심각한 논쟁을 야기할 수 있다.

특별보고서의 시나리오대로 재생가능 에너지를 대폭 확대하고, 전기로 거의 모든 에너지 수요를 충당한다고 하더라도 항공과 농업 부문 등에서 온실가스 배출은 여전히 남게 되는데, 순 배출량을 제로로 만들기 위해서는 이미 배출된 온실가스를 다시 흡수하여 제거하는 기술이 필요하다. 이를 마이너스 배출(negative emission) 기술이라고 하는데, 대표적인 것이 AFOLU(농업, 임업, 토지 이용의 활용)와 BECCS다.

특별보고서에서 제시된 1.5℃ 경로 달성을 위한 네 가지 모델 중 그나마 화석연료와 산업에서 상당한 온실가스 감축이 이루어지고 첫 모델(P1)은 BECCS를 사용하지 않는 대신에 핵발전이 2010년 대비 2030년에 59%, 2050년에는150% 증가하는 것으로 상정하고 있다. 특별보고서가 발표되자마자 핵산업계와 일부 언론에서는 기다렸다는 듯이 이 부분을 인용하며, 핵발전 없이 기후 변화 대응은 불가능함이 증명되었다고 주장하기도 했다.

그러나 IPCC는 시나리오의 기술적 모델링에 투입한 요소들이 정책적으로 바람직하거나 사회적으로 가능하다는 것을 의미하지는 않는다고 말한다. 특별보고서를 발표하는 기자회견에서 핵발전이 기후 변화 대응을 위해 필요하다는 것인지를 묻는 질문에 대해 IPCC의 짐 스키 공동의장은 "IPCC는 특정 기술이 적정하다고 판단하지 않는다"며, "각국의 결정을 존중하는 것이 저희의 답"이라고 대답했다. 어쩌면 무책임하고 오해를 불러일으킬 수 있는 답변이지만, 과학적 데이터와 기술적 요소들을 가지고 유엔의 주문에 응하는 연구를 수행하는 것이 자신의 과제인 IPCC로서는 어쩔 수 없는 일일 수도 있다. 다만 IPCC는 이를 각각의 에너지원에 대한 세부적 검토로 보완하고 있다.

특별보고서의 본문 4장에는 에너지원 기술마다 특징과 전망을 상세히 기술하고 있는데, 이를 보면 핵발전은 기후 변화 대응에서 긍정적이거나 전망 있는 에너지원이 아닌 것으로 분석되어 있다. 나라마다 상황이 다양하지만 핵발전은 경제성과 수용성 모두가 떨어지고 있어서 성장이 지체되고 있고, 중국과 한국처럼 국가독점적으로 핵 산업이 존재하는 경우는 특수하다는 서술도 볼 수 있다. IPCC가 제시한 에너지원의 현실성 평가표에서도 핵발전은 지구 물리적 측면만 긍정적이고, 경제, 기술, 제도, 사회 환경 모두 가장 불리한 것으로 평가되어 있다. 때문에 IPCC가 온실가스 감축을 위해 핵발전 확대를 주장했다는 것은 '가짜뉴스'라고 할 수 있지만, 특별보고서가 핵발전을 중요한 온실가스 감축 수단 중 하나로 삼고 있다는 것 역시 사실이다.

국내에서는 아직 생소한 것이지만 BECCS 기술 역시 매우 위험

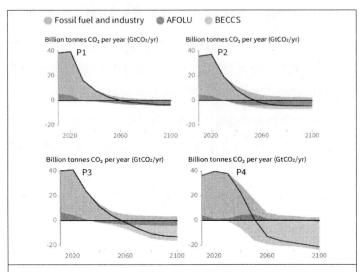

P1: 2050년까지 사회적, 산업적 및 기술적 혁신들이 에너지 수요를 낮추면서도 특히 남반구의 생활 수준을 향상시키는 시나리오. 경량화된 에너지 시스템은 에너지 공급의 급격한 탈탄소화를 가능케 한다. CDR(이산화탄소제거 기술)로는 산림조성(AFOLU의 한 방식)만 활용되며, CCS를 통한 화석연료 사용이나 BECCS는 사용되지 않는다.

P2: 에너지 집약도, 인간 개발, 경제적 통합 및 국제 협력을 광범하고 강조할 뿐 아니라, 지속가능하고 건강한 소비 패턴으로의 전환, 저탄소 기술 혁신 그리고 치밀한 토지 지용을 BECCS에 대한 제한된 사회적 수용성을 결합하는 시나리오.

P3: 사회적 발전 뿐 아니라 기술적 발전이 역사적 패턴을 따르는 중도 시나리오. 배출 감축은 주로 에너지와 상품이 생산되는 방식을 변화시킴으로써 달성되며, 수요 감축으로 인한 기여는 그보다 적다.

P4: 경제 성장과 세계화가 운송 연료와 가축 생산에 대한 높은 수요를 포함하여, 온실가스 집약적 생활양식의 광범한 수용을 낳는 자원 및 에너지 집약적 시나리오. 배출 감축은 주로 기술적 수단들을 통해 달성되며, BECCS 적용을 통하여 CDR을 크게 활용하게 만든다.

1.5℃ 경로를 위해 제시된 네 가지 모델 (IPCC 1.5℃ 특별보고서)

하고 우려스러운 측면을 갖는다. BECCS는 석탄화력발전소와 같은 화석에너지 발전원에서 발생하는 이산화탄소를 포집하고 저장하는 CCS를 바이오에너지 작물과 결합하는 기술이다. 식물은 성장하는 동안 광합성을 하여 이산화탄소를 흡수하기 때문에 탄소 중립으로 가정되고, 빨리 자라는 바이오에너지 작물을 대량으로 재배하여 화석연료를 대체한다는 개념이다. 바이오 작물 연소에서 발생하는 이산화탄소는 포집하여 깊은 땅속과 심해에 저장하거나 다른 화학물질 합성 원료 등으로 활용한다는 것이다.

IPCC 보고서의 1.5℃ 시나리오에는 BECCS 방식으로 2100년까지 최대 4,140억 톤의 이산화탄소를 저장하는 모델부터 화석연료 소비가 줄지 않는다면 1조 1,191억 톤을 BECCS로 처리해야 한다는 모델까지 제시되었다. 하지만 CCS와 마찬가지로 BECCS는 언제 실용화될 수 있을지 불확실한 기술이며 개발된다고 하더라도 과연 비용을 감당할 수 있을 것인가 하는 것도 의문스럽다. 게다가 실용화되더라도 실제로 바이오 작물이 탄소 중립일 것인지, 가공과 포집 과정에서의 온실가스 배출을 없을 것인지, 또 저장된 탄소가 누출되는 사고가 발생할 경우 더욱 나쁜 결과가 초래되지는 않을 것인지 등 여러 문제가 남는다.

더구나 이러한 기술적 수단들은 다른 중요한 부작용들도 낳을 수 있다. 먼저 탄소포집저장 기술의 개발은 화석연료 사용을 계속하도록 용인하거나 재생가능 에너지 보급을 지연시키는 핑계가 될 수 있다. 그리고 자동차 연료를 대체하기 위한 바이오에너지 개발이 멕시코와 브라질 등에서 식량 생산을 불안하게 하고 동남아시아의 산림 생태계와 원주민의 삶에 타격을 가하는 사례들이 이미 발생해왔는데, BECCS로 바이오에너지가 더욱 광범하게 보급될 경우 그러한 우려는 더욱 커질 것이다.

핵발전과 BECCS는 충분한 온실가스 감축이 실현되지 못할 경우 동원되는 극약처방인 셈이다. 그러나 그 약이 제대로 들을지 그리고 엄청난 부작용을 어떻게 할지도 확실히 말할 수 없는 처방이다. 그렇기에 IPCC 특별보고서는 그냥 받아들면 되는 처방전이 아니라, 지구 행성의 상태부터 우리의 조건까지 다시 들여다보기를 주문하는 진단서로 이해할 필요가 있다.

한국 정부의 대응은 낙제점

한국은 2016년 화석연료 연소 기준으로 온실가스 배출량 세계 7위이며, OECD 국가 중에는 터키 다음으로 배출 증가세가 빠르다. 매년 발표되는 기후 변화대응지수(CCPI)에 따르면 2017년에 한국은 58위로 '매우 부족'한 대응이라는 평가를 받았고, 기후 트래커(Climate Tracker) 같은 국제 조직은 한국을 '기후 악당' 국가 중 하나로 꼽고 있을 정도다. 이명박 정부와 박근혜 정부는 '녹색성장'과 선진국과 후진국 사이의 '가교론'을 내세우며 온실가스 감축 책임을 교묘히 회피했는데, 그 후과를 현 정부가 치르고 있는 면도 있다.

그러나 지금 정부가 기후 변화 대응에 얼마나 진지하게 임하고 있는지는 의문스럽다.

2018년 7월 18일에 확정된 한국의 '국가 온실가스 감축 로드맵 수정안'을 보면, 2030년까지 한국의 온실가스 배출을 BAU[2] 대비 37% 줄인다는 기존의 총량 목표가 그대로 유지되고 있다. 온실가스 감축 목표를 책임지는 환경부의 발표는 2030년의 온실가스 배출량을 기존 목표였던 5억 3,600만 톤으로 유지하되, 근거와 내용이 불투명하다고 비판받았던 국외 감축량을 11.3%에서 4.5%로 줄이고 대신에 국내의 부문별 감축량을 25.7%에서 32.5%까지 늘렸다는 점을 강조했다. 실제로 국내에서의 온실가스 감축량이 늘어났고 그만큼 산업계의 부담이 늘어날 것임을 부각하는 것이다.

하지만 이 로드맵 수정은 단지 항목 구성과 내용을 조금 바꾼 것일 뿐으로, 좀 더 깊이 들여다보면 이 감축 목표는 오히려 무척 안일한 것이라는 점을 알 수 있다. 2030년에 5억 3,600만 톤이라는 목표 배출량은 2010년 배출량인 6만 5,700만 톤 대비로 하면 37%가 아니라 실은 19% 감축에 불과하다. 만약 정확한 감축 효과나 수단이 확정되지 않은 수치들(에너지 신산업과 CCUS[탄소포집이용저장] 1만 30만 톤, 산림흡수원과 국외 감축 3,830만 톤, 전환 부문의 추가 감축 잠재량 3,410만 톤)까지 제외하면 2030년 배출량은 5억 3,600만 톤 아니라 6만 1,870만 톤이 되고, 그렇다면 2010년 배출량에 대비하여 겨우 5.8% 감축에 불과하게 되는 것이다. OECD 국가들

---

2) 현재의 온실가스 배출 증가 추세가 계속될 경우 예상되는 배출량 전망.

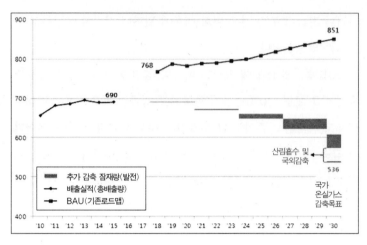

900

851

800

768

700

690

600

산림흡수 및
국외감축

500

추가 감축 잠재량(발전)
배출실적(총배출량)
BAU(기존로드맵)

536

국가
온실가스
감축목표

400

'10 '11 '12 '13 '14 '15 '16 '17 '18 '19 '20 '21 '22 '23 '24 '25 '26 '27 '28 '29 '30

2018년 7월 새로 수정된 국가 온실가스 감축 로드맵

중 이렇게 작은 감축 목표를 제시하는 나라는 없다.

게다가 수정된 로드맵에도 그 전에는 존재하지 않았던 산림흡수원이 감축 수단으로 추가되었고, 해외 감축분 같은 불확실성도 여전히 남아 있다. 이러한 수단들이 구체적으로 어떠한 방식으로 그리고 얼마나 온실가스를 감축할 수 있을지는 아직 확정되지 않았다. 환경 급전과 에너지 세제 개편, 남북 협력사업, 수소 경제 인프라 구축 등 세부적 정책 수단들도 언급되었지만 이들 역시 세부 내용은 아직 불투명하다.

하지만 수정된 로드맵의 가장 큰 결함은 한국이 앞으로 얼마나 온실가스 감축을 해야 하는지에 관한 문제의식이 사회적으로 전혀 환기되지 않았다는 점이다. 파리협정이 온도 상승을 2도보다 훨씬 아래인 1.5℃까지 묶어두도록 노력할 것을 명시했고, IPCC의 특별보고서 초안이 이미 공개된 때였음에도 불구하고, 이를 반영한 감축 목표 논의는 배제되었고, 환경부는 이번에도 산업계를 안심시키기에 바빴을 뿐이었다.

문재인 정부는 국정운영 5개년 계획에 "탈원전 정책으로 안전하고 깨끗한 에너지로의 전환"을 포함시키고 에너지원 구성에서의 변화를 추진하고 있다. 2017년 6월 19일 고리 1호기 영구정지 기념식에서 탈원전을 천명한 것을 시작으로 하여, 비록 여러 아쉬움을 남겼지만 '신고리 5·6호기 공론화'를 진행했고 그 후속조치로 탈원전 로드맵을 발표했다. 이어서 2017년 12월에 "재생에너지 3020 이행계획"을 발표하여 2030년까지 태양광과 풍력 설비 중심으로 재생가능 에너지 전력 생산 비중을 20%로 높인다는 목표를 설정했다. 8차 전력수급기본계획과 미세먼지 관리 종합대책에는 석탄화력발전소 축소 방안이 포함되었다.

이러한 에너지전환 정책을 IPCC 특별보고서에 비추어 살펴보아도 부족함은 여전하다. 특별보고서의 두드러진 주문은 핵발전의 증가 필요성이 아니라 재생가능 에너지를 2050년까지 1차 에너지 공급의 절반 이상, 전력 생산에서는 70~85%까지 늘려야 한다는 것이다. 한국이 특별보고서의 주문을 따르려면 오히려 현 정부의 '탈핵·에너지전환 로드맵'보다 더욱 빨리 핵발전 비중을 줄이고 재생가능 에너지를 '재생에너지 3020 이행 계획'(2030년까지 전력생산의 20%를 재생가능 에너지가 담당한다는 내용)보다 더욱 빨리 늘려야 할 형편이다.

또한 명실상부한 '에너지 전환'을 위해서는 에너지 효율 향상과 저탄소 에너지원 중심의 에너지 시스템 구축을 통해 온실가스 배출량을 절대적으로 줄이는 것이 중요하며, 이를 위해 개별 정책과 실행 조직도 서로 통합되고 조율이 이루어져야 한다. 하지만 한국 정부의 에너지 전환 정책은 온실가스 감축 정책과 분리되어 기획되었고 그 효과도 별도로 측정되고 있다. 전환의 장기적 목표로서 에너지원 구성비 변화가 제시되고는 있지만 에너지 효율화를 통한 에너지 감축은 실제 내용이 미흡하다. 게다가 전기요금 인상을 포함하는 에너지 가격 수단의 활용을 정부 스스로 배제시켰다. 때문에 에너지 전환을 통해 어떠한 경제와 사회 체제로 전환할 것인지에 대하여 국민과 공유하는 청사진이 부족한 가운데 발전 설비 중심으로 계획이 수립되는 것에 그쳤다.

기후 변화의 심리학

영국의 언론인 조지 마셜은 『기후 변화의 심리학』에서 재미있는 가정을 제시한다. "만약 과학자들이 북한이 세계 기후를 불안정하게 만들려는 의도로 대기 중에 온실가스를 뿜어내고 있다는 사실을 발견했다면, 비용이 얼마가 들든지 조치를 취하자는 정치적 합의가 즉각 이루어질 것"이라는 말이다. 하지만 이제까지 보았듯이 그런 일도 없고 그럴 일도 없다. 우리는 기후 변화의 책임을 화석에너지 산업에 돌리거나 온실가스 다배출국인 미국과 중국, 인도를 비난하곤 한다. 하지만 기후 변화는 많은 불확실성을 안고 있고 누구에게 꼭 책임을 물어서 해결되기도 어렵다. 그래서 조지 마셜은 기후 변화가 대표적인 '사악한'(wicked) 문제에 해당한다고 본다 (조지 마셜, 2018).

기후 변화는 심지어 우리 모두가 공범일 수 있고, '악당 대 영웅' 같은 간단한 스토리로 접근해서 풀리지도 않는다. 차라리 군비축소나 오존층 파괴를 국제적 합의로 해결한 것은 상대적으로 간단한 문제였다. 게다가 한국은 자신은 알고 자신은 행하고 있다는, 실은 무책임한 편견이 높은 상황이다. 지난 7월 22일 「세계일보」의 한 기사("머리로만 지구 살려야… '공공의 문제' 치부 행동 안 해")는 이런 모습을 단적으로 보여주는 여론조사 결과를 소개한다. 기사에 따르면 응답자의 7.8%나 기후 변화의 주된 원인으로 인간 활동이 아니라 '자연변동'을 꼽았고, 젊은 연령층(19~29세 12.1%, 30대 16.9%)에서 오히려 그렇게 믿는 경우가 많았다.

이러한 결과에는 언론과 정부의 책임이 크다고 할 수밖에 없다. 실제로 응답자들 중 26.6%만이 언론이 기후 변화 대응을 위해 노력하고 있다고 답했고, 정부는 40.9%, 국제 사회는 48.4%, 환경단체는 51.8%로 응답했다. 그런데 국민 개개인이 노력한다는 데에는 28.7%만 동의한 반면, '나 자신'은 57.1%가 노력하고 있다고 답하는 상반된 결과를 보였다. 그리고 기후 변화가 매우 심각하다고 답한 이들 중에서도 기후 변화를 단기 우선과제로 꼽은 경우는 8.1%

에 그쳤고, 경제 성장이 27.8%로 가장 많았다. 머리로 아는 문제가 곧 실천이나 정책으로 이어지지 않는 이유를 짐작하게 한다.

기후 변화를 말하고 대응하는 데에는 여러 주체들과 관점들이 개입한다. IPCC는 기후학과의 인과 관계를 통계적 언어를 통하여 '과학적'으로 제시한다. 언론과 정치인들은 확실한 주범이나 예산 투입 효과가 밝혀지기 어려운 복잡한 문제를 다루려 하지 않는다. 환경단체들은 의도치 않게도 기후 문제를 북극곰으로 대표되는 '환경' 문제로 국한하고 행동한다. 대중들은 너무 엄청나게 크고 끔찍하거나 애매하게 멀리 있거나 또는 이미 정치적으로 편가르기가 되어 있는 기후 이슈에 대해 생각하기조차 꺼려하는 집단적 '인지 편향'에 빠지게 된다.

너무도 중요하고 너무도 거대하고 너무나 어려워 보이기 때문에 아무도 말하지 않으려는 '기후 침묵'의 상태다. 그래서 조지 마셜은 과학적 데이터와 잘 꾸며진 홍보물만으로 기후 변화가 모든 사람의 것이 되지 않는다고 말한다. 기후 변화의 시나리오를 분석하고 사람들의 행동을 다그치는 것으로는 변화를 이룰 수 없기 때문이다. 때문에 그는 프레임을 바꾸고 설득과 신념의 공동체를 만드는 방식을 고민해야 한다고 주문한다.

이 기후 침묵의 한 모서리를 깨트린 것이 스웨덴의 그레타 툰베리가 시작한 '기후 파업'이었을 것이다. 자신이 배우고 생각한 바대로 하면 자신의 미래는 너무도 암울할 수밖에 없다는 인식 그리고 그것을 참지 못하고 이야기해야 한다고 여긴 툰베리는 금요일마다 학교를 결석하고 피켓 시위를 벌이기 시작했다. 이렇게 "미래를 위한 금요일" 시위가 시작되었고, "기후과학의 진실을 직시하고 행동에 나서라"는 외침으로 커져가고 있다. 진즉에 미국의 전 부통령 앨고어가 "불편한 진실"을 말하고, 프란치스코 교황이 회칙 "찬미 받으소서"를 통해 전했던 그 메시지가 이제는 누구도 외면할 수 없는 명령으로 다가오고 있는 것이다.

모든 것을 바꾸는 전환을

특별보고서가 제시한 1.5℃ 목표의 수행이 쉽지 않지만, 핵발전과 여러 지구공학의 기술적 수단은 받아들이기 어렵다. 재생가능에너지의 급속한 보급 확대에 많은 곤란이 있고 산업 생산 축소와 화석연료 제한 같은 제안은 국제적으로든 국내적으로든 현실 정치의 의제가 되지 못한다. 지금은 어떤 손쉬운 해결책과 희망을 이야기하기보다는 IPCC 특별보고서의 엄혹한 기후 전망과 온실가스 감축 수단들의 현실성 사이의 간극에 대해 철저한 '지성의 비관'을 하는 필요한 때다.

IPCC의 특별보고서의 주문 또는 더 진지한 환경단체들이 주장하는 바처럼 1.5℃ 이하의 상승에서 멈출 수 있도록 온실가스 다배출국들이 급격히 배출을 줄일 것이라 기대하는 이는 많지 않을 것이다. 미국, 중국은 물론 한국도 모두 축적을 위한 축적, 성장을 위한 성장을 멈출 수 없기 때문이다. 그렇다고 공룡에 이어 인간을 포함하는 여섯 번째 대멸종은 불가피한지도 단언할 수는 없다. 지금처럼 경제 성장과 온실가스 배출이 계속될 경우는 그럴 가능성이 높다. 하지만 중국의 성장 위축에 따른 세계적 경기 하락은 온실가스 배출 추세에도 영향을 미치고 있고, 급격히 높아지는 평균 기온과 빈번해지는 기상재해가 배출 저감에 기여하는 사업을 더 빨리 성장하게 만들 수도 있다. 하지만 1.5℃ 특별보고서가 제시하는 남은 '탄소 예산', 즉 1.5℃ 목표를 충족하는 배출량을 계산하면 겨우 10년 정도가 남았을 뿐이다. 각 국가와 기업과 개인이 강구하는 대안과 실행이 10년의 시간표를 따라잡을 수 있을까?

파국을 예상하고 사람들에게 겁을 주는 것으로는 부족하다. 파국을 기다리기 전에 오히려 기후 위기가 다른 삶의 방식을 위한 더 많은 기회를 제공함을 말하고 그러한 삶을 살기 시작해야 사람들도 호응하고 더 큰 물결을 만들 수 있다. 기후 정의 운동 역시 파국론에 기대지 않는 그러한 능동적 기획들이 긴요한 시점이다. 코펜하겐의 당사국총회부터 울려 퍼진 구호는 "기후 말고 체제를 전환하라"(System change, not climate change!)는 것이었다. 그리고 지금은 "기후 비상사태를 선포하고 행동하라"가 외쳐지고 있다.

그래서 기후 변화는 오히려 개별적인 기후 변화 대응 정책과 행동 프로그램으로 해결되지 않을 것 같다. 기후 변화를 체제와 삶의 전환으로 연결하는 담론과 기획들이 주변에서 넘쳐날 때, 비로소 기후 변화에 관한 신념과 인식의 공동체도 형성되고 변화할 것이다.

북미의 진보적 언론인 나오미 클라인이 문제는 "자본주의 대 기후"라고 진단하면서 자신의 책 제목을 『이것이 모든 것을 바꾼다』(*This Changes Everything*)라고 붙였던 이유다(나오미 클라인, 2016). 기후 위기가 지금의 삶과 체제의 모든 것과 연결되어 있다는 '이것'을 이해하고 행동하기 시작할 때 '모든 것'이 바뀔 것이라는 말이다.

이제라도 정부는 세제 개편, 에너지 요금 현실화, 탈원전을 뒷받침할 법제도 개선 등의 중요한 과제들을 미루지 말아야 한다. 무엇보다 국민, 사회, 정치권, 지역, 기업, 노동자에 에너지 전환 정책의 전망과 이에 따른 이익과 피해에 관한 정직한 신호를 줄 필요가 있다. 파리협정과 IPCC 1.5℃도 특별보고서의 메시지 그리고 세계적인 기후행동의 요구에 부응하여 올해 말까지 예정된 장기저탄소발전전략 수립에도 충실히 나서야 한다. 기후 위기는 범국가적으로 비상사태로 자리매김되어야 하며, 예산과 행정력이 이를 중심으로 편성되고 운영되어야 한다.

정부의 행보를 기다리고 있어서는 안 된다. 환경뿐 아니라 언론, 교육, 노동, 농업, 보건의료, 인권, 페미니즘 그리고 종교 등 모든 부문의 사회운동들도 기후 위기가 환경오염의 문제가 아니라 '모든 것'의 문제임을 인식하고 자신의 시야로 이를 해석하고 자신의 목소리로 기후행동을 풀어가야 한다. 그래서 이미 모든 것을 바꾸기 시작해야 우리는 멸종에 맞설 수 있다.

참고문헌

IPCC. 『"지구온난화 1.5℃" 특별보고서: 정책결정자를 위한 요약본(SPM)』. 2018

나오미 클라인. 『이것이 모든 것을 바꾼다: 자본주의 대 기후』. 열린책들, 2016.

조지 마셜. 『기후 변화의 심리학: 우리는 왜 기후 변화를 외면하는가』. 갈마바람, 2018.

조천호. 『파란하늘 빨간지구: 기후 변화와 인류세, 지구시스템에 관한 통합적 논의』. 동아시아, 2019.

제2부

생태신학과 한국교회의 성찰

이정배 | 기후 붕괴에 직면한 한국교회

신익상 | 기후 위기 시대의 생태신학

이성호 | 기후 변화, 한국교회는 예언자가 될 것인가?

이은경 | 기후 위기 시대, 기독교 시민교육

송진순 | 기후 변화, 세계에 응답하는 그리스도인

김혜령 | 기후 위기 시대, 우리 그리스도인에게 나타나는 안일함의 본질에 대하여

장동현 | "그레타 툰베리의 외침"에서 "기독교 생태교육"까지

기후 붕괴에 직면한 한국교회
— 할 일과 말 일

이 주제를 말하려면 최소한 JPIC(1990년)로부터 시작하는 것이 옳다. 전 세계 기독교인들을 과거 공의회 전통에 따라 한 자리에 모아놓고 세계 내 난제인 분배문제의 불균형, 핵무기 과다보유 그리고 생태계 파괴 현실을 극복코자 했던 까닭이다. 공의회를 발의했던 C. 폰 봐이젝커의 책 제목이 본 사안의 화급함을 적시했다:『시간이 촉박하다』(*Die Zeit draengt*). 이 공로로 스위스 바젤대학은 봐이젝커에게 명예신학박사 학위를 수여했고, 그때 수락 연설의 제목이 "기독교 정신(구원)은 아직 실현되지 않았다"였다. 앞선 세 주제가 세계에서 해결되지 않는 한 기독교 구원은 아직 요원하다는 취지의 강연이었다.

---

* 현장(顯藏)아카데미 원장

1

2020년대를 눈앞에 둔 시점에서 30년 전 사건, 특히 서울에서 열렸던 JPIC를 재론하는 데는 그만한 이유가 있다. 우선 본 공의회는 전 세계 기독교인들의 모임이란 점에서 의미 있었다. 이웃 종교인들도 옵저버로 참가했기에 주로 종교인 시각에서 JPIC 사안을 맞닥뜨리고자 한 것이다. 다음으로 본 모임이 서울서 열린 것은 이곳이 모든 문제가 집적된 위험지역이란 판단에서였다. 그럼에도 불구하고 당시 한국교회는 이를 주목하지 않았다. 셋째로 서울대회의 영향으로 브리질 리우에서 최초 환경회의가 열리게 되었다는 점이다. 지금까지 지속되는 이 회의는 1세계와 3세계 국가 간 불거진 정의문제, 1세계 국가들끼리의 평화 논쟁이 결국 환경, 생태적 시각에서 풀어질 수 있음을 환기시켰다. 마지막 넷째로 JPIC가 열렸던 1990년이 지구환경의 새로운 원년이 되었다는 사실이다. 1990년을 기점으로 이산화탄소 배출량을 전 세계가 30퍼센트 감축해야 인류 미래가 있다고 본 까닭이다. JPIC를 통해 밝혀진 이상의 사실은 한국교회가 씨름할 새로운 과제를 안겨주었다. 이런 새 지혜 앞에서 할일과 말일이 명백해진 것이다. 이하 내용에서 필자는 JPIC의 의미를 오늘의 상황에서 다시 풀어낼 것이다.

2

지구 온도를 1.5℃ 이상 올리지 못하게 하라는 IPCC의 권고가 지난해 인천에서 결의된 바 있다. 인류가 지금처럼 종전의 방식으로 살고자 할 때 짧게는 수십 년(2050년) 이내, 길게 잡아 2100년 되면 지구는 더 이상 생명 공간이 될 수 없다는 것이 과학적 상식이 되었다. '아메리쿰'이란 말이 새로 생겨났다. 인구 5천만 명이 GNP 3만 불을 갖고 살 경우 필요한 에너지 총량을 일컫는다. 소위 1세계(G7) 국가들 내에 이미 수십 개의 '아메리쿰'이 존재하고 있다. 대한민국 역시 한 개의 '아메리쿰'에 이르렀다. 최근 중국도 몇 개의 '아메리쿰'을 지녔고 앞으로도 다수의 '아메리쿰'에 이를 여력을 갖고 있다. 인구 수많은 인도를 비롯해 베트남도 조만간 두 개의 '아메리쿰' 반열에 들어설 수 있을 것이다. 경찰국가를 자처하는 미국이 이산화탄소 감축 의무를 지키지 않고 이런 추세를 부추겼으니 지구 미래가 더욱 불투명해졌다. 주지하듯 기후 붕괴의 희생양은 빈자(貧者)들과 다음세대들이다. 가난한 나라 사람들은 삶의 터전을 잃을 것이고 미래세대는 자신들 미래를 빼앗길 수 있으니 말이다. 이를 호소하는 소녀 툰베리의 고언을 조롱했던 트럼프, 그 행동의 참을 수 없는 가벼움에 모두가 절망했다. 제3세계 국가들의 저항도 만만치 않을 것이다. '녹색'을 내세워 개발과 성장을 옥죄는 서구 1세계를 향해 '환경 파시즘'이란 말로 대항하고 있다. 분명 종래와 같은 성장은 더 이상 불가능하다. 그렇다면 지구를 살리는 일과 더불어 세계 내 정의(평등)의 문제 역시 해결되어야 옳다. 이 사안은 한 국가 내부의 문제이기도 하다. '기본소득'이란 개념이 회자되는 것도 이런 맥락일 것이다. 차기 총(대)선에서 이 주제가 크게 부상할 전망이다.

3

사실 자본주의 사회에서 '탈(脫)성장'을 말한다는 것은 대단히 어려운 일이다. 속성상 이익 추구를 위해 존재하는 것이 자본주의이기 때문이다. 한편에서는 욕망을 부추겨 상품을 개발, 판매하고, 다른 한편에서는 정리해고, 비정규직을 통해 비용 줄이는 방식으로 이익을 추구해 왔다. 그러나 자본주의 자체가 위기에 처했다. 원자재가 되는 자연이 한계에 이르렀고, 지속적인 인원 감축으로 구매력이 감소했으며, 부(富)를 소수가 독점한 결과였다. 앞서 말한 '기본소득'도 이런 선상에서 나온 개념이다. 물론 4차 산업 시대에 이르러 일자리 자체의 실종이 본 논의를 부추겼을 것이다. 여하튼 '탈(脫)성장'이란 말의 회자는 자본주의에 역행하는 모습이다. 한국 사회에서 '탈(脫)성장'을 담론화한 그룹은 '작은교회' 운동을 주관한 생평마당이었다. 최근 오이쿠스포럼에서 민주노총 발제자의 글을 통해 인지한 사실이다. 아우슈비츠에 견줄만한 세월호 참사가 우리에게 다가왔다. 참사 이후 우리들 기도와 고백, 나아가 신학 자체가 달라져야 했음에도 기존 교회는 꿈쩍도 하지 않았고 이런 논의를 불편해 했다. 하지만 이들 '곁'되었던 '작은교회'들 덕에 우리는 함께 희망을 품고 만들 수 있었다. '탈(脫)성장'을 추동한 '작다'의 의미는 다음과 같다. 기존 교회관의 해체를 전제한다. '하나의 사도적, 보편 교회'란 말의 현대적 버전이라 해도 좋겠다. '단순성', '지역성', '다양성'이 그것이다. 초대교회로 돌아가자고 했을 때 그때의 모습일 것이다. 쌓아 축적된 것이 없는데 교회 경영이란 말이 필요할까? 지역에서 뿌리 뽑힌 교회에게 공동체란 말이 가당할까? 크기로 획일화된 교회가 정말 초대교회의 모습일까? 단연코 아닐 것이다. 교회가 세상을 향해 '탈(脫)성장'을 말하려면 이렇듯 스스로 작아져야 옳다.

4

본래 종교와 욕망은 반(反)비례해야 정상이다. 욕망을 줄여 하늘 섬기고, 자연을 살피며 이웃과 공존하는 길을 가르치고 실현하는 것이 종교의 존재 이유다. 다석은 '제뜻 버려 하늘 뜻 구하는 것'을 우리가 걸머질 십자가라 했다. 하지만 종교들은 종파 막론하고 욕망 극대화를 축복이라 가르쳤고, 신도들을 '욕망이란 이름의 전차'에 탑승시켰다. 세습을 정당화 시킨 강남의 대형 교회에 잔류한 대다수 교인들은 평당 37만 원에 산 땅이 370만 원 될 것이라 축복한 목사의 말에 '아멘'했던 사람들이다. 많은 종교수를 자랑하는 이 나라 이 땅의 욕망지수가 OECD 가입국 중에서 가장 높다 하니 '종교무용론'이 전혀 낯설지 않다. 물질 없이 살 수 없으나 최소한의 물질로 사는 것을 덕목이라 가르치는 것이 종교이다. 신자유주의 체제하에서 단순성(Simplicity)이 종교 가치의 핵심이란 말이겠다. 평등을 삼킨 현 체제하에서 환경학자들은 이것을 체제와 맞설 수 있는 가치이자 덕목으로 여기고 있다. 하지만 세상은 여전히 소비를 미덕이라 여기며 나랏돈 풀어 소비촉진 시키는 일을 경제정책이라 여기고 있다. 온갖 비닐과 플라스틱이 과하게 사용되고 버려진다. 자연으로 되돌릴 수 없는 물건을 만들고 사용하고 버리는 일은 죄악이다. 이들 쓰레기가 육지는 물론, 바다, 심지어 남북극에도 쌓여있으며 이로 인해 수많은 어족이 폐사되는 중이다. 한마디로 뭍뿐 아니라 바다 생태계의 죽음이다. 하여 '플라스틱 없는 세상'을 꿈꾸며 그것 없이 살기를 작정하고 쓴 책(『우리는 플라스틱 없이 살기로 했다』[1])도 있다. 플라스틱으로 뒤덮인 세상을 걱정한다면 베르너 부태 감독이 찍은 〈플라스틱 행성〉(Plastic Planet)이란 영화를 보면 큰 도전을 받을 것이다. 이 영화로 인해 위 책이 나올 수 있었다.

5

모든 종교들의 첫머리에 세상을 창조한 이야기가 자리하고 있다. 저마다 표현은 다르겠으나 자연을 중시하는 관점을 담고 있다. 기독교가 천지창조를 말하고, 불교가 연기(緣起)설을 주장하며, 동

---

1) 산드라 크라우트바슐/류동수 역, 『우리는 플라스틱 없이 살기로 했다』(서울: 양철북, 2019).

아시아 사유를 종합한 성리학 역시 우주적 인(仁)을 말하고 있음이 그 실상이다. 그럼에도 종교들마다 강조점에 있어 차이가 없지 않다. 힌두교는 세상 속 개체들의 궁극성을 역설했다. 우주적 존재인 브라만이 모든 개체(아트만)들 속에 존재한다고 믿는 것이다. 그래서 이 세상을 힘껏 긍정할 수 있었다. 반면 불교는 세상을 거짓(假)으로 여긴다. 실체로서의 개체를 부정한 탓이다. 상호 의존적으로만 발생한다는 것이 연기설의 요체이다. 세상을 관계성으로 보기에 생태적 사유로 불교만한 것이 없다고들 한다. 하지만 기독교는 세상 궁극성과 관계성을 부정치 않으나 신(神)마저 죽을 수 있는 역사성, 곧 세상의 부정성(原罪)에 무게 중심을 두었다. 그러나 부정이 목적이 아니라 궁극성과 관계성, 곧 '원(原)은총'의 회복을 위한 애씀을 중시했다. 이런 노력을 지속하는 한 인간은 '하느님 형상'이라 불린다. 그렇기에 궁극성과 관계성 그리고 역사성, 이 셋이 상호 반목할 필요가 없다. 부정을 극복하는 힘이 '원(原)은총'에서 비롯하는 까닭이다. 이 셋이 함께 세상을 구하면 그뿐이다. 하지만 강이 사라져 흙이 죽어 메마른 사막이 되고 생명 종이 사라지는 현실, 바다 어류, 하늘 나는 새들 창자에서 온갖 비닐, 플라스틱이 나오는 현실에서 궁극성과 관계성을 강조하는 것만으로 충분치 않다. 종교들이 내건 창조, 자연 교리들이 자본주의에 굴복해 공허해진 현실에 살고 있는 탓이다. 향후 기후 붕괴가 종교 붕괴, 종교 무용화를 가시화시킬 것이다. 기후 붕괴를 치유(회복)하지 못하는 종교, 그들이 전했던 진리는 모두 거짓일 뿐이다. 이런 현실에서 기독교적 세계관, 부정을 긍정으로 바꾸고자 애썼던 기독교의 역할이 향후 더 크게 부상될 수 있겠다. 기후 붕괴란 위기는 이후 기독교에게 기회가 될 수 있을 것이다. 물론 종래와는 '다른' 기독교가 될 때 가능한 일이지만….

6

그렇다면 '다른' 기독교란 무엇을 말하는가? 이에 답하기 전에 전제할 사안이 있다. 사실 기후 붕괴의 복원을 위해 개인 차원의 할 일이 너무 작다. 그리고 종교가 기후 붕괴를 직접적으로 고칠 수 있는 길도 없다. 홀로세 이후 등장한 인간세, 이 시기에 붕괴된 지구환경 회복을 위해 인류는 지금 구조적, 시스템적으로 큰 대가를 치러야 하는 까닭이다. 온실가스 배출 제로 사회를 만들기 위한 인프라를 재구축하는 일이 바로 그것이다. 정부는 물론 탄소 배출을 당연시했던 대기업들 예산이 투입되어 소위 '그린 뉴딜'과 같은 정책이 실현되어야 할 상황이다. 생태 및 환경 영역에서 새로운 일자리를 창출하란 것이다. 기본소득 제도가 정착되면 이들을 환경 파수꾼으로 크게 활용할 수도 있을 법하다. 여하튼 이 일은 한 국가만이 아니라 세계적 차원에서 모두가 일시에 실행해야 옳다. 그 시기도 뒷전으로 미룰 것이 아니라 지금 당장이어야 할 것이다. 그레타 툰베리가 연설한 9.23 뉴욕 기후 정상회담에서 독일은 미국과 달리 기후 기금 2배를 약속(2020년부터 1천억 달러)했고, 탄소 가격도 높였으며, 이런 기금을 바탕으로 산업(에너지) 구조 자체를 전환시킬 것을 약속했다. 향후 독일의 변화가 인류에게 희망을 줄 수 있겠다. 이점에서 한국도 독일식 해법을 찾을 일이다. 하지만 문재인 정권하에서 석탄 화력발전소 7개가 새로 지어질 것이고, 탄소 배출권 거래역시 금지되고 있어 걱정이 크다. 이 정권이 추진하는 수소 경제 역시 청정에너지 사례가 될 수 없다는 것이 중론이다. 인간세로부터 생태계로 문명을 전환시키는 일이 지금, 당장 구조(시스템)적으로 일어나야 할 것인데 이 땅의 경우 준비가 되어 있지를 않다. 1990년을 기점으로 하여 탄소 배출량을 40% 이상 늘리고 있기에 '기후 악당 국가'로 다섯 손가락 안에 꼽히고 있는 실정이다.[2) 여하튼 2050년까지 탄소제로 국가를 만들 당위성이 우리들에게 있는 바, 이것은 체제 자체를 달리 만들 때 가능하다. 지금처럼 성장 위주의 경제 체제로는 이룰 수 없는 목표일 것이다. 또한 값싼 전기에너지 사용도 더 이상 용납되기 어려울 수 있다. 밀양 송전탑 사태에서 불거졌듯 전기는 전선이 아니라 지역인들의 눈물을 타고 흘렀던 탓이다. 기후 붕괴 현실이 이처럼 거대한 변화를 요구하나 이것은 개개인들의 의식변화를 통해서 이룰 수 있는 과제이다. 민(民) 주도의 변화 요구가 없는 상황에서 정부가 홀로 변화를 이끌 수 없다. 따라서 다수 생태맹(盲) 상태의 사람들 의식을 일깨워 정치 경제 영역에 영향을 주는 일이 우선이다. 여기서 의식이란 생태적 저항까지 포함한

---

2) 한국의 경우 현재 43%를 석탄발전으로 26%를 원전에서 에너지를 얻고 있다. 2017년 현재 한국은 이산화탄소를 줄이기는커녕 4% 이상 발생량을 늘리고 있다.

다. 정부 및 기업에 대한 ―물론 자신도 포함하여― 압박이다. 정치, 경제 및 기술 영역의 시스템적 변화를 위해서이다. 자본주의 체제 하에서 생태적 삶을 살려면 일단 '불편한 진실'과 자주 접해야 한다. 하늘(하느님)만이 아니라 아픈 지구 이야기를 들으란 말이다. '불편한 진실의 진실'이란 말도 유념해야 할 것이다. 불편한 진실을 접했음에도 삶을 실천으로 이끌지 못하는 현실 말이다. 하지만 40도에 근접하는 기후 변화, 뜨거운 여름을 사람들은 이제 뉴스로 알지 않고 자기 몸으로 느낄 정도에 이르렀다. 80 평생 들판에서 농사짓던 촌부의 입에서 더 이상 농사짓기 어렵게 되었다는 말이 회자된다. 그럴수록 '불편한 진실' 앞에 더 자주 노출되어야 옳다. 그리고 이 진실을 감추려 했던 또 다른 진실과 맞서 싸워야 한다. 목하 기후 위기는 인간이 마주할 새로운 전쟁(아마겟돈)인 까닭이다.

7

인간의 욕망을 부추겼던 종래의 종교, 특히 기독교의 현 모습으로 우리 시대의 '불편한 진실'과 맞설 수 없고, 그 진실의 진실을 극복할 수 없다. 아예 눈을 뜰 수 없는 생태맹(盲)들을 양산하고 있기에 말이다. 이하 내용에서 '다른' 기독교, 자본주의적 욕망과 짝한 교회가 아니라 녹색 옷을 입은 생태(생명)적 기독교의 모습을 찾아보도록 하겠다.

지금껏 교회는 '알기 위해서 먼저 믿을 것'을 강요했다. 이를 일컬어 'Up down Experience'라고 한다. 하지만 기후 붕괴 현실에서 우리는 우리들 믿음을 위해서도 먼저 알 것을 요구받는다. 'Bottom up Experience'인 셈이다. 앞서 말했듯이 기후 붕괴 현실은 창조신앙을 무력화시킬 수 있다. 자연 생태계가 붕괴되는 현실을 보지 않은 채 천지창조의 하느님을 고백한다는 것은 공허한 혀놀림에 불과하다. 그렇기에 교회는 신앙의 적합성을 위해서라도 자연을 알고 세상을 공부해야 옳다. 필자가 늘 강조하듯 예수를 대답이라 믿은 사람일수록 우리가 무엇을 물어야 할지를 고민할 일이다. 고민 없이는 답도 찾을 수 없다. 옳게 알아야 바른 행동[正行], 위기에 대한 저항이 가능할 것이다. 인습화된 신조만을 암송하며 교회에 안주하는 것으로 세상은 한 치도 달라질 수 없다, 기후 붕괴 시대에 이르러 신학적 인식론 자체가 달라질 것을 촉구한다. 이로부터 성서를 다시 읽는 일이 가능해질 것이다. 정의, 평화 그리고 생태계가 복원되지 않는 한 기독교의 구원(정신)은 실현되지 못했다는 JPIC 선언을 경청해야 한다. 기독교가 말하는 구원은 마침표일 수 없다. 채우지 못한 원고지처럼 미정고(未定稿) 상태로 있을 뿐이다. 새 창조를 위한 노아와 하느님 간의 약속(창 9:1-7)을 생각해보라. 사람들 눈에서 억울한 눈물이 흐르지 말게 할 것(정의)과 동물을 피체로 먹지 말 것(생명 평화), 이 둘이 신의 환호—'참 좋다'—를 지속시킬 요건이다. 하지만 이 약속이 파기된 현실을 로마서(롬 8:18-25)가 증언하고 있다. 인간을 비롯한 모든 피조물들이 탄식하고 있다는 유명한 말씀이 그것이다. 그렇기에 피조물의 총체적 구원, 노아와 맺은 약속의 실현이 바로 성서가 지향하는 구원 상 (像)이다. 하느님이 창조(피조물) 안에 계신(J. 몰트만) 탓에 혹은 세상이 하느님의 몸(S. 맥페이그)인 까닭에 온 자연이 구원되어야 하느님 일이 완성된다. 이를 위해 바울은 당시의 제국 '로마'에 저항할 것을 촉구했다. 이것은 이 시대의 제국, 자본주의에 대한 항거라 해도 의미상 다르지 않다. 통칭하여 제국과는 다른 삶을 요구한 것이다. 제국과 하느님은 양립할 수 없기 때문이다. 소위 사영리(四靈理)에 근거한 '믿습니까?, 아멘'식(式)의 기독교는 기후 붕괴 시대에 시의성을 잃었다. 생태적 구원관을 제시할 때가 이르렀다. 구원이 있다면 그것은 전 지구적 구원이 있을 뿐이다. '탄소 발생 제로사회', '플라스틱 없는 삶'을 꿈꿔 실행할 일이다.

8

이를 위해 지금껏 적색 은총에만 초점을 둔 기독교를 다시 이해할 필요가 있다. 앞서 필자는 이웃 종교와 기독교 간의 차이를 말하면서도 일치를 논했다. 세상의 궁극성, 관계성을 기독교 역시 '원(原)은총' 차원에서 인정했다는 사실이다. 이것이 전제된 탓에 기독교는 세상에서 어느 종교보다 크게 저항할 수 있다. 생태적 구원을 위한 큰 저항을 위해서도 자연이 주는 은총, 소위 녹색 은총 감각에 투철할 필요가 있다. '녹색 없는 적색 은총은 맹목이고, 적색 은총 없는 녹색은 불충분할 뿐'이다. 은총이란 한마디로 '최상의 것을 거저 얻었다'는 고백이다. 자연이야말로 최상의 것을 표현하는 선물의 실상이다. 자연 없이는 한순간도 살 수 없으니 말이다. 그렇기에 예수는 들의 백합화, 공중 나는 새를 보라 했다. 죽은 문자로 향한 눈길을 자연에로 이끌어 주신 분이 예수이다. 은총의 감각이 살아있을 시, 욕망이 자리할 여지가 없다. 자연은 '견물생심'(見物生心)의 욕망을 '견물불가생'(見物不可生), 물질을 보고도 마음을 일으키지 않도록 돕기 때문이다. 그렇기에 살아생전 북산(北山)은 목사들을 산행으로 이끌고자 했다. 그것이 북산에게 경건의 모양을 떠나 경건의 능력을 베푸는 스승이었던 까닭이다. 최소한의 물질, 단순하게 사는 일, 그것이 바로 정신(경건)이겠다. 이 점에서 환경학자들은 단순성을 21세기 인류 생존을 위한 최대의 화두라 여겼다. 앞서 말한 사회 시스템의 변화는 이런 에토스에 기초할 때 비로소 성사될 수 있다. 적색 은총은 녹색 은총이 힘을 잃을 때 그를 추동하는 힘으로 작동한다. 탄식하는 피조물과 자신을 일치시켜 세상의 부정성과 맞서게 할 것이다.

9

이제 교회의 의미를 생각해 보겠다. 신약성서에 'phanta'란 말이 많이 나온다. 우주 만물이란 뜻이다. 초대교회는 이 말로서 교회를 이해했었다. 교회를 우주라 여긴 것이다. 이후 서서히 *phanta*의 의미가 교회로부터 이격되었다. 원초적으로 교회가 그리스도의 몸이 아니라 자연이 먼저 그런 뜻을 지녔다. 향후 교회가 이런 의미를 회복했으면 좋겠다. '에클레시아'란 말도 그렇다. 본래 흩어진다는 말뜻을 담지 않았던가? 교회 해체를 두렵게 여겨 사람 모으는 일에 열심일 뿐 흩어진 삶에 관심치 않으니 걱정이다. 교회 성장이 모든 것 되었으니 흩어지는 일이 두렵기만 할 것이다. 하지만 '흩어진다'는 말뜻을 현 상황에서 다음처럼 이해하고 싶다. 교우들을 환경, 기후를 염려하는 기독교 환경단체는 물론 뭇 시민단체로 파송하면 좋겠다. 핵발전을 거부하는 모임도 있고 폐기물 처리 감시, 먹거리 및 순환경제3)를 관심하는 단체들도 적지 않다. 교우들의 관심, 학(경)력 여하에 따라 관련 단체서 일할 수 있는 기회를 적극 제공하길 바란다. 교회가 이들 단체에 자신들 예산 일부를 지원하는 것도 권장할 일이다. 반면 시민단체는 교회를 통해 영성을 배우고 익힐 수 있다면 상부상조가 될 것이다. 본래 시민단체 활동이란 벽에 접하는 경험이 많은 터라 영성 없으면 지속하기 어렵다. 반면 교회와 시민사회의 공조만이 교회에게 'Phanta'의 의미를 되돌려 줄 수 있을 것이다. 이는 세상의 부정성과 맞서는 일로서 일상을 예배화하는 일이겠다. 이 일은 교회가 지역성을 담보할 때 훨씬 효과가 크다.4) 여기서 지역성이란 자연이 주는 문화적 가치를 소중히

---

3) 필자는 농촌선교팀(차홍도 목사)의 부탁으로 "농촌선교의 새 패러다임으로서 지역순환운동"이란 글을 쓴 적이 있다. 작은교회운동 차원에서 썼던 것으로 발표를 기다리고 있다.

4) 이 점에서 『오래된 미래』의 저자 헬레나 노르베리 호지의 새책 『로칼의 미래』(Local is our future)(남해의 봄날, 2019)를 읽어야 할 것이다. 지역성은 순환결제를 가능

여겨

이에 기초해 사회를 재편하는 일을 말한다. 이런 지역화 공동체를 위해서 교회가 자신들 위상과 역할을 재사유할 때가 된 것이다. 물론 도시와 농촌의 경우 지역화의 내용이 같을 수는 없을 것이다. 어느 경우든 교회가 지역화의 주축이 되면 좋겠다. '로컬'의 재활성화는 획일화된 자본주의, 냉혹한 세계화 추세에 저항할 힘이 되는 까닭이다. '글로칼리제이션'(Glocalization)이란 말도 이런 전제하에서 의미가 있다. 따라서 버스로 사람들을 날라 거대한 성전에 채우는 방식의 예배는 지양해야 옳다. 이런 식의 교회 생존방식은 그 자체로 반(反)생태적일 수밖에 없다. 뿌리 뽑혀진 삶의 단면을 보여줄 뿐이다. 본래 예배란 하느님 환호를 지속시키는 일일 것인데, 이런 식의 예배는 오히려 하느님 탄식을 가중시킬 수 있다. 튼튼한 지역 공동체를 만드는 것이 자연을 지키는 일이자 하느님께 드리는 예배행위인 것을 기억할 일이다.

10

필자는 기후 위기가 종교(기독교)들에게 큰 기회가 될 것이라 생각한다. 앞서 본대로 확고한 자연관을 소지했기 때문이다. 자연과 종교는 물과 물고기의 관계처럼 상호 뗄 수 없는 지경에 있다. 저마다 각기 다른 풍토에서 서로 다른 종교들이 생겨 난 것이다. 창조론

케하는 첩경이다.

이 옳고 연기론이 틀렸다고 말할 수 없고, 그 역도 마찬가지이다. 오히려 창조신앙을 창조과학과 지적 설계론에 꿰어 맞추려는 시도가 잘못이다. 신학을 과학으로 바꾼다고 신학이 종교가 세를 얻을 수 없다. 생태학을 말함에 있어 불교의 연기론, 관계적 사유를 내칠 이유 없다. 성서 역시 관계적 사유를 근간으로 한다. 인간이 하늘에 범죄 하면 인간과 인간이 갈등하고 자연으로부터 버림받는다는 것이 창세기 신화의 골자이다. 반면 인간이 하느님께로 돌아오면 자연도 회복된다고 고백한다. 땅이 열매를 낸 것을 하느님의 구원 표증이라 믿었던 것이다. 천지인(天地人) 관계의 실종이 바로 실낙원이고 그 회복이 구원이었다. 우리가 불교의 관계적 사유를 요청하는 것은 그것이 삶과 죽음, 인간과 동물의 관계성을 기독교보다 강조했기 때문이다. 한마디로 윤회설에 입각한 탈(脫)인간중심주의를 담았던 까닭이다. 인간이 죽어 짐승으로 재(再)탄생될 수 있다는 사실은 동물과의 공존력을 높일 수 있다. 오늘의 인간이 내세의 짐승이 되고 눈앞의 동물이 죽은 부모의 재현일 수 있기 때문이다. 이것이 사실인지 아닌지는 중요하지 않다. 창조론이 과학이 아니듯이 이 역시 증명될 수 없는 탓이다. 그럼에도 중요한 가치를 담았다. 사람과 동물이 관계망 속에 존재한다는 사실이다. 하지만 인류의 육식 문화는 이 그물망을 단절시켰다. 고기를 목적하여 밀집 사육되며 공장식으로 도살되는 가축들의 실상이 바로 그것이다. 구제역, 아프리카 열병, 조류독감 탓에 수백, 수십만 마리 가축(소, 돼지, 가금류)들이 살처분되는 경악스런 현실이 아주 빈번하다. 자연이 아닌 인위적 공장에서 오로지 인간을 위해 사육되었기에 초래된 결과들이다. 이점에서 관계적 사유는 기독교가 종종 잊고 있는 바, 인간중심주의의 '탈'(脫)을 권한다. 인간이 하느님 형상을 지녔다는 것은 인간중심주의와 그 뜻이 단연코 같지 않다. 하느님처럼 그렇게 피조물을 위한 은총의 존재가 되라는 의미였다. 하느님은 인간에게 인간의 방식으로 관계하나 새와 지렁이에게는 각기 그들의 방식으로 소통하시는 분이다. 우리(인간)로서는 그 방식을 모를 뿐 이들 존재 역시 하느님과의 관계 속에 있다. 이 점에서 불교적 사유는 인간 외적 피조물의 중요성을 관계적 차원에서 부각시켰다. 따라서 하나 밖에 없는 지구 생태계를 치유할 수 있는 배타적 이념이나 종교는 없다. 하느님이 세상을 다양하게 지으셨기에 저마다 자기 방식대로 공헌하면 될 일이다. 생태적 사유와 친해지려면 기독교는 자기만 옳다는 배타적 사유와 이별할 용기를 가져야 한다. 초대교회가 그랬듯이 목하 교회들 역시 해석의 공동체로서 더 다양해져야 할 것이다. 기독교가 배타적 사유 근간이라 여기는 성육신도 실상 '초월을 초월하는 지점'이 이 '땅'인 것을 알리는 화두인 것을 기억하면 좋겠다.

11

4차 산업 시대의 징조를 벌써 체감하고 있다. 주로 일자리 감소 차원에서 도래할 시대를 염려하는 분위기다. 하지만 이보다 더 큰 두려움을 예상해야 옳다. 유대인 사학자 하라리가 『호모데우스』에서 밝혔듯이 2050년쯤 되면 영생, 불사 등의 종교적 실상들이 상품화될 것을 예고했다. 인간과 기계가 합성된 사이보그의 탄생이 그것이다. 이를 일컬어 '호모 사피엔스'의 미래가 '호모 데우스'라 했다.[5] 여기서 염려해야 될 자연인과 기계 인간 간의 종차(種差)가 생겨난다. 이 경우 소위 기계 인간들은 '호모 사피엔스' 자연인을 지금 우리가 동물 대하듯 다룰 수 있다. 그래서 신이 된 인간, '호모 데우스'란 말이 나왔다. 기술은 이런 미래를 반드시 가져올 것이고, 돈 있는 자들이 우선 그리고 오래 혜택을 입을 것이다. 하지만 돈의 힘이 이제 계급 차를 넘어 종차까지 발생시키는 우리들 미래가 결코 성장이고 발전일 수 없다. 종차보다 더 걱정스런 것은 자연을 탈(脫)자연화시켜왔던 인간 스스로가 탈(脫)자연화 될 것이란 사실이다. 영생과 불사까지 손에 쥔 인간이 자연을 향해 자연을 향해 무슨 짓을 할지 누구도 예측할 수 없다. 하나뿐인 생명 공간, 지구를 버리고 달에 가서 살 궁리를 할 수도 있을 것이다. 어쩌면 지구 안에서 다른 종(種)이 되어버린 자신들만 살 수 있는 공간을 만들 수도 있겠다. 중동 사막 지역에서 경험한 일이다. 섭씨 42~43도 되는 사막 한가운데 상상을 넘어선 규모의 스키장을 보았다. 이웃 나라 노동자들 손에 온갖 짐을 들려서 이곳을 찾은 아랍 부호들, 하루종일

---

5) 2019년 11월 29일(금) 오후 '시튼 연구원'주최로 4대 종교에 속한 학자들 7명이 하라리를 집중 조명하고 비판하는 큰 세미나가 열린다. 장소는 성균관대학교이며 필자가 기조강연을 맡았다.

그 안에서 먹고 마시며 스키를 타며 즐겼다. 삼성 이건희의 '창조경영'이란 말이 이곳 탐방 후 생겨났다 한다. 하지만 이것은 창조가 아니라 파괴일 수밖에 없다. 돈이 소수 인간을 탈(脫)자연화 시킬 때 자연 역시 급속도로 파괴될 것이니 말이다. 시편 104편의 이야기가 생각난다. 하느님을 생태학적 경영자로 묘사하는 이 본문에서 당신 뜻을 따르지 않는 인간을 보고 하느님은 악당이라 칭(稱)하며 자신의 공간에서 떠나라 명(命)한 것이다. 인간의 어리석음이 인류를 항시 불행하게 이끌어 왔기에 하라리는 이런 세상의 도래를 예견했다. 그럴수록 그는 '호모 데우스'로의 이행이 아니라 자연인 '호모 사피언스'의 자각을 요청했다. 지금껏 머리로 이야기(픽션)를 지어왔고 그것으로 세상을 지배했으나, 이제는 머리가 아니라 몸으로 깨닫는 지혜가 필요하다. 자신들 어리석음을 깨치기 위한 수행 말이다. 지금껏 기독교는 제도적 은총을 강조했고, 난(難) 교리에 의존하여 조직을 유지해왔다. 하지만 지금은 신조와 교리 대신 영성이 갈급한 시대가 되었다. 종교 없이도 영성만으로 충족한 시대를 살고 있다. 이런 정황에서 교회는 자기 입을 닫고 귀를 여는 훈련에 익숙해져야 옳다. 자기 밖에서 들려오는 소리가 피조물의 탄식과 비탄들이라 성서가 증언하고 있으니 말이다. 자기 밖과 하나 되려면 안(속)이 비워져야 한다. 자기 확장(긍정)을 위한 믿음은 세상에 독(毒)이 될 수도 있다. 몸 공부(修身)의 많은 형태들이 있으나 언급할 지면이 없다. 한마디로 이런 공부는 믿음에 성(誠)이 보태질 것을 요구한다.

12

목하 기후 붕괴는 우리에게 '지금, 당장' 행동할 것을 요구한다. 시간이 촉박하기 때문이다. 생태맹(盲)을 벗고 자연을 살리는 일이 하느님 일인 것을 깨달아 집은 물론 교회 안팎의 경계를 넘어 지구를 살려내야 한다. 생태적 성서읽기, 탄소 배출 감소,[6] 플라스틱(비닐) 없이 살기, 시민 환경단체에 헌신하기 등 실천 강령이 수없이 많다. 하지만 불편한 진실의 '진실'이 우리들의 발목을 잡아왔다. 머리로 알았기에 그 편안함에 넋을 뺏겨 에너지 소비를 줄이지 못한 것이다. 이제는 사회시스템을 바꾸는 정치 경제적 행위까지 요구받고 있다. 탈(脫)성장 담론으로 이 시대의 제국, 자본주의와 맞서라는 것이다. 본 싸움의 종교적 방식이 있겠으나 신앙이 정치적 행위로 표출되어야 마땅하다. 이 점에서 신앙적으로 성령의 시대란 현실 인식이 필요하다. 성령의 존재를 믿는다면 무엇보다 정의와 생명을 파괴한 제국을 허물어야 옳다. 자본주의와 기독교는 본질상 공존키 어려운 관계이다. 반값의 임금으로 청년들, 어머니들마저 일터로 내모는 신자유주의 체제는 인류에게 결코 미래를 보장할 수 없다. 기울어진 운동장을 더욱 기울게 할 것이기에 말이다. 세상의 궁극성과 관계성, 기독교적 용어로 원(原)은총 상태, 즉 구원을 더

---

6) 최근 IMF는 탄소 1톤 배출당 탄소세 75만 원을 상정하여 세금 매기자고 제안했다. 이 금액으로 기본소득 재원(財源)만들자는 의견이 상정되었다. 가능한 일이겠으나 그럴수록 기본소득이 기후 붕괴 사안과 밀접함을 환기시켜야 옳다.

욱 요원하게 만들 수 있겠다. 이 틀거지를 부수는 일이 바로 성령의
역할이다. 우리 안에 성령이 깃들어 있다면 함께 힘을 보태야 한다.
그 탄식이 너무 깊어 대신하여 탄식하는 분이 성령이기에 이 시대
의 성령 체험은 탄식소리와 하나 되는 일일 수밖에 없다. 이 점에서
복지, 공공성, 기본소득(자산)7) 등등 수많은 대안적 개념들이 쏟아
지고 있는 바, 주목할 일이다. 이런 밖의 생각들을 교회 내 신앙 주
제로 다룰 수 있어야 기독교 미래도 생겨날 수 있다. 이런 교회가
성령이 내주하는 교회이겠다. 다음으로 성령의 시대는 '수행적 진
리'를 요구한다. 바람의 존재를 흔들리는 나뭇가지를 통해 알 수 있
듯이 성령 또한 행한 일을 통해서 자기 존재를 드러내는 까닭이다.
행위가 존재의 인식 근거란 뜻이겠다. 'my life is my message', 간
디 자서전의 제목이기도 한 이 말이 하느님 영(靈)의 실상을 적시한
다. 이것은 앞서 말한 '몸 공부'와 의미상 일치할 수 있을 것이다. 여
하튼 '지금, 당장' 행동할 것을 요구받는 기후 붕괴 시기에 수행적
진리관은 세상의 희망이자 대안이다. 기후 붕괴가 종교(기독교)의
존재 근거를 부정하는 양태이기에 더더욱 '지금, 당장'의 요구가 절
실하다. 모든 학문이 'Eco'라는 접두사와 더불어 시작되는 현실이
기에 우리들 신앙에도 이를 반드시 앞세워야 할 것이다. 우리들 기
독교인들에게 녹색 신앙, 녹색 은총, 녹색 구원, 녹색 성서, 녹색 교

---

7) NCCK 신학위원회에서 '기본소득'에 관한 여섯 차례의 강좌를 마련했다. 필자는
   마지막 여섯 번째로 '생태신학적 관점에서 본 기본소득'을 주제로 강연(2019년 10
   월 29일 저녁, 감신대)했다.

회가 중요한 이유이다. 예수만이 십자가에 달린 것이 아니라 하나 밖에 없는 지구가 지금 십자가에 달려 있기에 말이다. 교회 지붕 위에 설치된 태양광 발전기는 아마도 녹색 십자가의 상징이 될 것이라 생각해 본다.

13

그레타 툰베리의 호소 덕에 천만에 가까운 젊은이들이 자신들 미래를 걱정하며 정치가들을 향해 지구를 구할 것을 호소했다. 지금껏 환경문제로 빈부(국가) 간 갈등은 표출되었으나 미래세대의 소리는 들리지 않았다. 하지만 미래를 희생시키는 성장이 결코 정의가 아닌 것을 젊은이들이 소리친 것이다. 교회에 청년이 없어 걱정하는 교회들이 깊이 유념할 주제이다. 교회에서 이런 교육과 문제의식을 선점하길 바란다. 뒷북만 치지 말고 이들을 위해 먼저 투자할 것을 권한다. 이를 위해 최소한 향후 3년 간 교회가 생태적 공동체가 될 수 있는지를 교회별로 실험했으면 좋겠다. 오래전 이야기지만 미국 생태신학자 토마스 베리(신부)가 한 말을 기억하는 탓이다. "성서를 당분간 책자에 처박아 두고 향후 3년간 자연만 쳐다보자." 성서는 우리 눈을 자연에로 향하게 하지만 정작 우리는 죽은 글씨만 보고 있다는 답답함에서 한 말이다. 일리 있다 여긴다면 '지금, 당장'이란 말을 기억하며 단 1년 만이라도 창조 이야기를 공부하고 설교하며 토론하고 교회적 실천을 모색했으면 좋겠다. 앞서 언급한대로 'Bottom up experience'의 시각을 갖고서 말이다.

(사)한국교회환경연구소가 대략 20개 교회를 묶어 뭇 자료를 제공하고 공통의 실천과정을 제시하여 이후 결과 보고를 얻는 식의 노력을 기대해 본다. 교회에서 어떤 식의 환경 설교가 가능할지도 깊이 탐색해야 할 것이다. 자신들 구원관도 필히 되물을 일이다. 기후 붕괴 위기가 심각한 만큼 지금의 기독교 위기 역시 그에 못하지 않기 때문이다.

기후 위기 시대의 생태신학*

신익상**

들어가는 말

이제 기후 위기로 인한 변화가 문명권에서 감지할 수 있을 정도의 시대가 되었다. 그러나 자본주의적 성장이라는 환상에 익숙한 문명권은 기후 위기의 주범임에도 불구하고 이 환상에서 벗어나 기후 위기에 대응하려는 의지를 실현하는 일에 인색하다. 하지만 지구온난화는 지구가 갖는 안정과 균형의 임계점1)에 도달하기 직전

* 이 글은 졸고, "Ecological Theology in the Era of Climatre Crisis: A Proposal for Evolutionary Conservation and Un-sustainability," *Madang: Journal of Contextual Theology*, Vol.32 (Dec 2019) 의 내용을 국역한 것입니다.
** 교회환경연구소 소장, 성공회대학교 교수 / 연세대학교 겸임교수

1) 임계점이란 일반적으로는 안정성의 경계를 말한다. 스프링을 예로 들면, 스프링을 당기면 어느 선까지는 제자리로 돌아오지만, 너무 심하게 당기면 어느 순간 탄성을 잃고 제자리로 돌아가지 못하게 된다. 이렇듯 어떤 시스템이 자신이 갖는 원래의

까지는 비교적 완만한 변화를 보인다. 그러다 임계점에 도달하면 변화는 예측할 수 없을 정도로 급격해지며, 이전의 안정과 균형을 회복할 수 없게 된다. 물론, 이 급격한 변화는 또 다른 형태의 안정과 균형에 도달하긴 하겠지만, 그때는 이러한 안정과 균형을 감지할 인격조차 사라져버린 뒤가 될 수도 있다.

따라서 기후 위기는 말 그대로 위기여야 한다. 조금씩의 변화가 계속되는 것이 아니다. 그대로 방치하면 일순간에 재앙적 변화의 단계로 넘어가게 된다. 기후의 급격한 변화는 생태학 논의가 개발과 보존 진영으로 나뉘어 치르는 문명권 내의 전쟁의 장에서 벗어나 정책과 사고방식 모두에 있어서 생태 정의 중심으로 문명권 내의 문제를 통합하는 급진적 변화가 선행되어야 한다는 절박함을 요구한다. 인권 문제는 생명권 전체의 문제 내로 통합되어 다루어져야 한다.

이러한 통합은 시장을 중심으로 전개되고 있는 성장주의적 자본주의 체제 자체를 문제 삼는 방향으로 진행되어야 하는데, 이 체제는 기후 위기를 조장하면서도 이 위기를 포착해서 대응할 능력은 없기 때문이다. 이 글은 생태신학이 이러한 자본주의를 극복할 급진적인 대안으로 자리매김하기 위하여 두 가지 방향에서 자기 쇄신의 길을 걸어야 한다고 촉구하고자 한다. 하나는 창조 세계의 보존이라는 신학적 토대를 새롭게 재해석하는 길이고, 다른 하나는 지속

안정적 속성을 유지할 수 있는 한계치를 임계점이라고 할 수 있다. 지구 생태계 또한 지금의 안정성과 속성을 유지할 수 있는 여러 영역의 한계치가 있다. 그중에서 한 가지가 바로 온도로, 지구 평균 2.0℃의 상승만으로도 지구 생태계는 임계점을 넘어 돌이킬 수 없는 상태가 될 수 있다.

가능성이라는 생태학적 주제를 근본적으로 다시 생각하는 길이다.

생태학: 개발과 보존의 각축장에서 생명권과 인권의 교차점으로

생태학(ecology)이라는 학문이 반-인간중심주의라는 정신과 맞닿아 있는 것이라면, 그 역사는 다윈의 진화론을 거쳐서 코페르니쿠스의 지동설에까지 거슬러 오르는 것이어야 한다. 무엇보다, 생태학이라는 용어를 처음 만들어낸 이가 독일의 진화주의 생물학자인 에른스트 헥켈(Ernst Haeckel)이라는 사실은 생태학이 진화론에 기대어 출발한 학문이라는 사실을 예증한다. 그래서 또한, 생태학이라는 용어가 1866년 처음 세상에 등장한 이래 이 학문은 그 어떤 학문보다도 생물학과 밀접한 연관을 가지고 자라나기 시작했다. 물론, 그럴지라도 생태학은 생물학만으로는 다 담을 수 없는 다양한 학문적 교차점에 있는 융·복합 학문의 하나다. 적어도 오늘날에는 말이다. 어쨌든 헥켈이 이 용어에 담은 정의는 "특정 지역의 생물종들이 자연자원을 이용하기 위해 어떻게 상호작용하는지 연구하는 학문"이었다. 이는 순전히 자연자원을 개발하기 위한 개발론자의 관점을 대변하는데, 인간은 이러한 지식을 수단으로 자원을 다시 이용할 수 있도록 자연을 잘 관리하게 되었기 때문이다.

하지만 생태학은 자연자원 개발론자들의 생각을 지지하기 위한 학문으로 자리를 잡자마자 환경보호운동을 지지하는 사람들에 의해 재해석되어 사용되기 시작했다. 19세기 초에 윌리엄 블레이크(William Blake)와 같은 낭만주의자들은 이미 자본주의 경제를 기반으로 하는 산업화가 생태환경을 심대하게 훼손하고 있음을 지적하며 맹렬하게 비판했다. 이러한 경향은 하느님의 창조 질서 보존이라는 기독교적 신앙 이념을 따르는 유럽과 아메리카의 종교적 환경보호주의자들에게 이어졌고, 이들에 의해서 생태학이 재정의되기에 이른다. 이들은 유기체와 환경의 관계를 설명하고 이해하는 학문으로서의 생태학을 "생태계가 인간의 개입에 어떻게 반응하는지 연구하는 학문"으로 이해했다. 이들에 의하면 자연에 대한 인간의 개입과 간섭은 지구 전체에 해가 된다. 인간이 자연을 대상으로 벌이는 각종 개발사업은 지구를 망친다는 것이다.

이렇게 해서 생태학은 그 출발부터 생태개발론자와 생태보호론자 간의 각축장이 되었다. 전자가 인간중심주의 전통에 서서 자연을 대상화하는 방식으로 생태학을 적용했다면, 후자는 반-인간중심주의 전통에 서서 자연에 개입하는 인간을 생태학의 대상에 넣음으로써 생태환경을 더 포괄적인 방식으로 다루고자 했다. 사실, 생태학은 이 양극단 사이에 다양하게 존재한다. 그래서 생태학은 공통의 연구프로그램이나 방법론을 갖는 단일한 전문분야가 없다. 어떤 상황 속에서 어떤 신념을 갖고 있느냐에 따라 천차만별의 생태학이 가능한 것이다. 생물학은 물론 지구과학, 화학, 정치경제학 등등의 다양한 학문이 개입하는 광범위한 융·복합 학문으로서 생태학은 인간에 대한 윤리적 낙관과 비관이 대결하는 격전장이 되어왔다. 그렇다면, 우리는 어떤 이념과 어떤 당면과제 속에서 생태학을 생각할 것인가?

생태위기 상황 극복이라는 당면과제와 녹색성장이라는 이념의 조합은 어떤가? 지난 2018년 10월 송도에서 개최된 IPCC 총회의 "1.5℃ 특별보고서"는 녹색성장이라는 이념이 생태위기 극복이라는 당면과제와 함께 갈 수 없음을 분명히 하였다고 할 수 있다. 이 보고서는 생태위기 극복의 최우선 과제로 기후 위기 문제를 지목하고, 2030년까지 지구 평균 온도 0.5℃ 이하 상승을 실현해야 한다고 역설한다. 하지만 이는 파리기후협약을 지구적인 차원에서 성실하게 이행하더라도 성취할 수 없는 목표다. 파리기후협약조차 성실하게 이행되지 못하고 있는 상황에서는 더더욱 비현실적인 목표다. "1.5℃ 특별보고서"는 자본주의적 성장을 유지한 채 생태개발론과 생태보호론의 적절한 타협을 모색하는 녹색성장 이념이 기후 위기라는 현실을 넘어설 만한 대안적 이념이 될 수 없다는 사실을 분명히 한 것이다.

21세기의 생태학은 기후 위기라는 당면과제 속에서 '탈성장' 이념을 요청하고 있다. 국민총생산의 증대로 대표되는 성장경제의 이상이 자본주의 시장경제 체제를 통해 지속하고 있기에 탈성장은 자본주의 정치 경제 체제, 특히 그 외연의 사회주의에로의 연장인 시장 중심의 사회 체제에서 벗어나는 것을 목표로 해야 한다. 이는 생태학 논의가 개발론 대 보호론, 또는 인간중심주의 대 반인간중심주의라는 대립의 결을 따라 진행될 수 없게 되었음을 의미한다. 사실, 개발론과 보호론이 첨예하게 충돌하는 지점은 저개발국가에서다. 이곳에서 개발주의자들은 저개발국가 국민의 인권을 신장하기 위해 개발국가 수준의 개발이 필수적이라고 주장한다(그리고 이러한 주장은 개발국가의 개발을 은근히 정당화한다). 반면, 보호론자들은 모든 유기체의 생명권을 보장하는 것이야말로 개발에 우선하는 절대적인 명령이라고 주장한다. 하지만 저개발 국가의 인권 문제는 지구적 생명권 문제와 기원이 같은 문제라는 사실을 탈성장의 생태학은 지적한다.

여기서 기원이 같은 문제란 바로 자본주의 시장경제 체제를 말한다. 특히 이 기원은 인권과 생명권의 관계와 관련해서 생각할 때 인간관의 문제로 귀결한다. 자본주의 시장경제 체제가 품고 있는 인간관은 자유주의적 인본주의, 또는 원자론적 개인주의에 기초하는데, 이러한 인간관이 인권과 생명권 모두에게 문제가 되는 것이다. 사실 인간관은 언제 어디서나 통용되는 만고불변의 고정된 관념이 아니다. 오히려 특정한 시기에 대다수 사람이 공유하는 관념일 뿐이다. 이에 따라 인간을 기술하는 기준이나 따라야 할 가치와 삶의 의미에 대한 규범이 규정되어야 할 필요성이 생겨난다. 자본주의적 인간관 또한 예외일 수 없으며, 이 인간관은 자본주의를 발전시킨 서구 근대인들의 기준이 되어왔다.

자본주의적 인간관은 적어도 두 개의 오랜 생각들에서 연유한다고 할 수 있는데, 하나는 아리스토텔레스까지 거슬러 올라가는 '존재의 대 사슬'(great chain of being)이라는 생각이고, 다른 하나

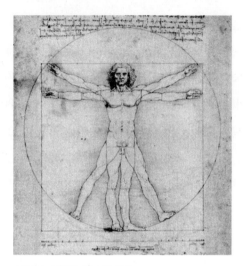

1492년, 비트루비우스적 인간

는 서구 근대의 발명인 원자론적 개인주의에 입각한 인간의 이상화
다. 기원전 1세기의 로마 건축가인 마르쿠스 비트루비우스(Marcus
Vitruvius Pollio)의 황금비율에 영감을 받아 1492년경 레오나르도
다빈치가 그림으로 구현한 비트루비우스적 인간(Vitruvian Man)은
이러한 인간의 대표적인 예다.

인간의 신체가 이상적인 황금비율을 이룬다는 생각은 인간이
존재의 대 사슬 최상층부에 존재한다는 생각과 합리성과 이성을 소
유한 개별적인 인간이라는 생각이 결합한 결과다. 모든 개별적인
인간은 보편적으로 황금비율을 이루는 이상적인 신체를 가졌다. 또
한, 모든 개별적인 인간은 자신이 이러한 신체를 가졌음을 합리적
이고도 이성적으로 파악할 수 있다. 하지만, 우리는 레오나르도 다

빈치가 그린 이 이상적인 인간상에서 어떤 강요된 보편성을 발견하게 된다. 왜 보편적 인간상으로 전면에 나서는 것은 언제나 남성과 남성의 신체여야 하는가?

서구의 근대가 형성되는데 핵심적인 역할을 한 프랑스혁명의 인권선언문 또한 이와 유사한 질문에 맞닥뜨리게 된다. 자유와 평등 그리고 박애(또는 우애)를 가치로 내세우며 개인으로서의 모든 인간에게 권리를 주려는 이 선언문이 내걸고 있는 '인간'은 사실적으로 '부르주아'와 어떻게 다른가? 탈성장의 생태학은 자본주의의 기반인 인간중심주의가 남성 부르주아 중심주의와 구별되기 어렵다는 사실에서 인권과 생명권의 교차점을 찾는다. 서구 근대의 인간 개념이 프롤레타리아를 소외시키는 방향으로 전개되어왔고, 그것이 지구적인 규모로 확대되었을 때 성별, 인종, 지역, 나이를 비롯한 셀 수 없는 구별 속에서 소외의 다양성을 촉진해 왔다는 사실은 개발론이 이러한 인간 개념을 기반으로 다른 종들과 생태환경을 착취하기도 했다는 사실과 만나게 된다. 인권과 생명권은 인간이라는 이름으로 불리는 서구 남성 부르주아 중심의 세계 질서에 의해 소외되고 착취되는 공동의 피해자라는 점에서 서로 만난다.

잃어버린 얼굴, 기후 위기 시대를 살다

인간 소외와 생명 소외는 보편적 인간, 또는 평균적 인간이라는 이름 뒤에 숨어서 기득권을 누리는 이들이 이상향의 절정에 다가서는 만큼 심화한다. 이를 간파한 것은 아주 오래전 일인데, 질 들뢰즈와 펠릭스 가타리가 1980년에 함께 저술한 책『천 개의 고원』(*Mille Plateaux: capitalisme et schizophrénie*) 제7장에서도 확인할 수 있다. 그들은 서구 중산층 이상의 남성을 가장 잘 표현하고 있는 것은 다름 아닌 신이 된 인간 예수라고 지적한다. 이들의 지적이 과연 사실인지는 지금도 쉽게 확인할 수 있다. 당장 인터넷에 접속해서 아무 포털사이트나 검색 엔진에 한글로 "예수"의 이미지를 검색해 보라. 거의 모든 이미지에서 잘생긴 얼굴과 윤이 나는 머릿결을 한, 건강하고 부유하며 높은 교육을 받았을 것 같은 서구 남성의 모습을 볼 수 있을 것이다.

예수의 이미지들은 이상적인 인간의 원형(archetype)인 예수가 서구 중산층 엘리트 남성으로 재현(representation)되고 있음을 보여주는 것일 수도 있다. 하지만 그 반대일 수도 있는데, 서구 중산층 엘리트 남성의 이미지가 예수라는 원형으로 절대화될 가능성이 그것이다. 그러나 이 두 방향의 가능성은 모두 이 범주의 인간에 들지 못하는 인간과 인간 아닌 생명을 소외시키며, 예수 이미지와 동일화된 서구 중산층 남성의 이미지를 모든 인간이 욕망하도록 부추긴다. 그리고 이 욕망은 권력의 계단을 형성하며 실현된다. "예수=서구 중산층 남성"이라는 표준화된 인간상으로부터 멀어질수록 권력으로부터도 멀어지는 것이기 때문이다. 원형으로 절대화된 얼굴과 닮은 정도에 따라 권력의 서열화가 일어나며, 서열의 긴 계열 속에서 조금이라도 원형에 다가서고자 하는 치열한 경쟁과 올라타기가 진행된다. 이렇게 해서, 하나의 특수한 인간군의 얼굴이 예수의 얼굴로 등극함과 동시에 다양한 다른 특수한 존재들은 얼굴을 잃어버린다.

오늘날 시장에서 만나는 존재들은 하나같이 잃어버린 얼굴을 하고 있다. 자본주의 발전의 역사 초기엔 노동자만 얼굴을 잃어버리고 말 줄 알았는데, 시간이 지남에 따라 더욱 다양한 인간과 생명이 잃어버린 얼굴을 하고 있음을 자각하는 존재가 늘어나게 되었다. 여성, 성 소수자, 장애인, 어린이, 노인, 청년, 백인 아닌 지구인, 인간 아닌 지구 생명 등등. 이들은 모두 마이클 센델(Michael Sandel)이 언젠가『돈으로 살 수 없는 것들』이라는 책을 통해서 말했던 시장사회(market society)에서 모두 어떤 식으로든 상품, 생산, 소비의 귀퉁이를 떠맡는다.

자본주의의 발달 과정은 자본주의가 자신의 약점을 보완하는 과정과 같은데, 이 정치경제 체제의 강점은 자신의 약점마저도 자신의 체제를 지탱하는 수단으로 활용하는 유연성을 지녔다는 점이다. 자본주의는 자본주의를 비판하며 등장하는 대안들을 시장을 통해 수용하는 방식으로 약점을 보완해 나간다. 아마도 영화 시장이 자본주의의 이러한 속성을 보여주는 대표적인 예일 텐데, 2012년 개봉한 뮤지컬 영화 〈레미제라블〉이 바로 그러하다. 입헌군주국으로서 자본주의적 노동 착취가 거셌던 19세기 초중반의 프랑스에서 노동자와 공화주의 엘리트들이 함께 벌인 1832년 6월 봉기를 배경으로 하는 이 영화는 21세기의 거대 자본을 등에 업고 제작된 상업 영화다. 이 영화를 보며 민중의 자유를 가슴 깊이 되새기는 사람들이 늘어갈 때마다 실제로 일어나는 일은 관객의 숫자에 비례하는 수익이다. 자본주의는 자본주의 비판마저도 판매한다.

그런데 이렇듯 거의 모든 것이 시장으로 환원되는 사회 체제는 위기상황과 관련해서 적어도 두 가지 심각한 문제를 가져온다. 첫째는, 시장이 원인이지만 시장을 벗어나 발생하는 위기를 시장은 포착하지 못한다는 점이다. 따라서 시장 바깥의 위기에 대한 일말의 책임감도 느끼지 않는다. 둘째, 시장을 중심으로 하는 성장 지향의 자본주의는 시장 바깥의 위기가 시장 내의 위기인 것으로 여겨 시장의 성장 논리로 충분히 해결할 수 있다고 착각한다. 이 두 가지 문제로 인해 시장은 시장 바깥에서 발생하는 위기에 대응할 능력을 상실한다.

도널드 트럼프 미국 대통령의 기후 위기에 대한 반응은 시장을 중심으로 하는 성장 지향의 자본주의가 시장 바깥에서 벌어지는 위기에 얼마나 취약한가를 명백하게 보여주는 좋은 예다. 그는 대선후보 시절부터 기후 변화가 중국이 꾸며낸 사기라고 주장해왔으며, 결국 2017년에 파리기후협약 탈퇴 선언을 했다. 그는 기후 위기에는 눈을 감은 채 공기, 땅, 물과 같은 환경을 보호하기 위해서는 시장 주도의 강한 경제가 필수적이라고 주장한다. 기후 위기가 국제정치적 사기에 불과하다는 그의 주장에서 시장 중심의 자본주의를 신봉하는 자는 산업사회의 에너지 시장이 원인이 되어 발생한 기후 위기

상황을 전혀 인지하지 못한다는 사실을 확인할 수 있다. 게다가 개발론자의 전형적인 생태학을 구사하는 그는 환경보호를 인간의 필요, 더 정확하게는 시장의 필요인 한에서 추구하며 시장을 중심으로 하는 강한 경제의 필요성을 강조하는데, 이는 시장에 의해 포착되지 않는 기후 위기를 시장체제 내부에서 왜곡해서 받아들이면서 시장 논리로 해결 가능한 대상인 양 여기는 태도를 선명하게 보여준다.

트럼프의 선택은 시장 중심의 자본주의 사회체제 신봉자가 이 체제가 원인이 되어 발생하는 체제 바깥의 위기를 무시하거나 아니면 무시하지 않는다 해도 시장 논리로 충분히 돌파할 수 있다고 착각한다는 사실을 확인하게 해준다. 이러한 태도의 심각한 취약점은 자연이 균형과 안정성의 임계점(critical point)을 갖는다는 사실을 간과함으로써 이 균형이 임계점에 도달하기 전에 취할 수 있는 조치를 마련할 수 없게 한다는 데 있다. 지구의 생태 시계는 거침없이 임계점을 향해 달려가고 있으며, 그것을 명확하게 보여주는 것은 온실기체의 불균형으로 인한 기후 위기다.

부의 불평등한 분배 또한 시장 중심의 자본주의가 원인이 되어 심화하고 있으나 시장 바깥에서 진행되고 있는 위기라고 할 수 있다. 그런데, 시장 중심의 자본주의에서 시장은 교환 앞에서 만인이 평등하다는 전제 아래 작동하며, 그래서 부의 실제적 불평등을 무시한다. 그게 아니라면, 부의 불평등이 문제라고 하더라도, 시장 중심주의자들은 이 문제가 시장과는 별개의 문제이며, 나아가 시장을 통해서 해결될 수 있을 거라고 믿는다.

아프리카의 사헬 지역에 사는 사람들, 2005년 허리케인 카트리나로 인해 죽음과 고통으로 내몰린 미국 뉴올리언스의 가난한 사람들은 부의 불평등과 기후 위기로 인한 피해가 별개의 문제가 아니라 같은 원인을 갖는 쌍둥이 문제임을 보여준다. 부의 불평등과 기후 위기는 가난한 이들에게 가장 먼저 그리고 가장 강력하게 고통을 준다. 개발된 국가에서 어느 정도의 부를 누리며 사는 이들에게 이들의 고통은 머나먼 나라의 다른 이야기다. 개발국가의 부유한 사람들은 그들을 도울 수 있고, 아픔을 동정할 수도 있다. 그러나 그것이 자신들이 누리는 부와 번영에 연결되어 있다는 사실에는 무지하거나 눈을 감는다.

기후 위기와 가난에 이중으로 노출된 이들은 시장 중심 자본주의 체제의 잃어버린 얼굴이다. 하지만 이들의 얼굴은 단지 이 체제의 외부가 아니다. 이들의 잃어버린 얼굴은 성장주의 시장이라는 거대한 전체가 원인이 되어 발생한 것으로, 결국은 이 전체로 인해 지구상의 모든 생명이 잃어버린 얼굴을 하게 될 것이라는 사실을 호소하는 예언이다.

기후 위기 시대, 생태신학의 새로운 의제

기후 위기 시대의 잃어버린 얼굴들은 인류를 포함한 지구 생태계 앞에 놓인 당면과제를 적나라하게 보여준다. 그렇다면, 이러한 상황에서 어떤 이념적 대안이 가능하겠는가? 이 물음에 답하기 위해서 시장 중심의 성장주의적 자본주의 이념을 다시 곱씹어볼 필요가 있다.

오늘의 성장주의적 자본주의는 현대 과학기술과 결합하여 성장의 새로운 영역을 개척하려고 하는데, 그것은 바로 생명 연장이다. 유발 하라리(Yuval Harari)는 인간이 과학기술을 통해 노화와 죽음을 극복하고 행복한 불멸에 도달하려 한다고 주장한다. 이전에는 죽음이야말로 의미의 출처로서 거룩하고 형이상학적인 경험이었다는 것이다. 그러나 과학기술이 성공을 구가하고 있는 오늘날 죽음은 생명체가 지닌 기술적 결함으로서 기술적으로 해결되어야 할 대상이 되었다고 진단한다. 죽음이 이전에는 영원(eternity)에 도달하는 관문이었지만 오늘날에는 불멸(immortality)을 방해하는 장벽으로 취급된다는 말과 다르지 않다.

하라리가 '이전'이라고 부르는 시기는 종교적인 죽음 이해를 시대로 표현한 것이고, '오늘날'이라고 부르는 시기는 과학기술의 죽음 이해를 시대로 표현한 것이라고 할 수 있다. 그는 종교와 철학의 시대에서 과학기술의 시대로 옮아간 것이 현대 문명사의 큰 흐름이라고 보고 있지만, 그러기에는 종교적 죽음 이해가 오늘날에도 강력한 영향을 끼치고 있음을 부정하기도 힘들다. 그렇지만, 시장 중심의 성장주의적 자본주의가 종교적 죽음 이해보다는 과학기술의 죽음 이해에 더 잘 어울린다는 점에서 하라리의 생각에는 일리가 있다. 자본주의는 새로운 상품의 생산, 유통, 소비를 통해 부가가치를 실현함으로써 자신의 체계를 유지하려고 한다. 이를 위해 소비 대중에게는 소비하는 삶이 영원히 계속될 것처럼 호도함으로써 끝없는 번영을 약속한다. 따라서 소비 대중에게 죽음은 다른 존재에게 국한된 것이거나 아주 먼 미래로 미루어진 일이어야 한다. 시장을 통해 소비 대중은 영원히 행복을 느끼며 죽기 직전까지 소비해야 한다. 그러니 과학기술을 통한 죽음의 지연 내지는 소멸은 자본주의 시장에서 충분히 매력적인 아이템임에 틀림없다.

기후 위기의 시대는 과학기술과 결합한 자본주의적 시장이 그 어느 때보다도 지구적 차원에서 번영을 누리는 시대이기도 하다. 기후 위기, 과학기술, 자본주의는 이 시대를 특징짓는 에토스인 셈이다. 이 셋은 긴밀하게 연결되어 있다. 자본주의는 과학기술을 시장을 영속하기 위해 사용한다. 그래서 과학기술과 결합한 자본주의는 기후 위기를 심화한다. 앞서 말했듯, 기후 위기는 자본주의가 가져오는 또 하나의 문제인 부의 불평등 문제와 결합하고 있다는 점에서 자본주의의 결정적인 취약점이다. 또한, 이 취약점의 발생 원인은 자본주의 자신에게 있지만, 이 문제가 자본주의 체계 내에서

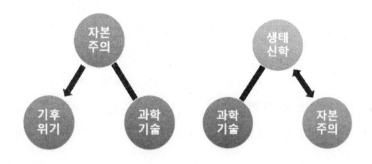

는 포착되지 않기 때문에 자본주의는 이 문제를 해결할 능력이 없다. 일각에서는 자본주의가 과학기술과 결합하면 효율성의 극대화를 통해 기후 위기에 대응할 수 있는 능력을 갖출 수 있을 뿐만 아니라, 자본주의 자신이 기후 위기를 일으키지 않는 체계가 될 것이라는 주장이 제기되기도 한다. 하지만, 자본주의는 기후 위기를 긴박한 당면과제로 보지 않기에 해결의 1순위로 놓지 않는다는 점, 반면에 기후 위기는 자본주의의 과학기술이 시장성을 갖추며 이에 대응하기에는 너무도 긴박하다는 점에서 이러한 주장에는 설득력이 없다.

기후 위기는 더 급진적인 결단을 요구한다. 이 결단은 자본주의 외부에서 가능하다. 따라서 생태학 그리고 그 연장선에 있는 생태신학은 자본주의 외부에 있어야 한다. 동시에, 이 생태신학은 자본주의 외부에서 생태학의 근거인 과학기술과 결합하여 탄생하는 대안이어야 한다.

그렇다면, 과학기술은 자본주의와 결합하여 성장주의에 활용될 수도 있고 탈성장을 추구하는 생태학 또는 생태신학과 결합할 수도 있는 가치중립적인 무엇인가? 그렇지 않다. 자본주의가 활용하는 과학기술은 자본주의 이념에 의해 조각나거나 왜곡된 과학기술이다. 반면, 탈성장을 추구하는 생태학 또는 생태신학은 현대 과학기술의 세계관과 이념 자체에서 유래한다. 현대 과학기술은 19세기에서 20세기를 거쳐 21세기에 이르는 동안 전일론적이며 진화론적인 세계관과 이념의 출처가 되어왔다.

자본주의는 과학기술을 필요에 따라 조각내어 그 조각의 일부만을 활용하기에 전체로서의 과학기술이 갖는 세계관과 이념을 포착할 수 없다. 예컨대, 반도체는 어떤 전자가 에너지 장벽을 넘어설 확률이 0이 아니라는 양자역학적 예측을 활용한 결과이긴 하지만, 이러한 예측이 갖는 양자역학적 세계관인 전일론적 세계관을 반영하지는 않는다. 자본주의는 과학기술의 이념을 왜곡하기도 한다. 예컨대, 개발론의 관점에서 생태학을 처음으로 제안한 헥켈은 진화론을 진보론과 같은 것으로 봄으로써 다윈의 진화론을 왜곡했다. 그러나 다윈의 진화론은 결코 진보론이 아니다. 진화론은 진보에 관련된 것이 아니라 변형에 의한 이행에 관련된 이론이다. 과학을 진보와 관련시키면, 개발과 성장이야말로 과학이 추구하는 이념이 되고, 따라서 자본주의와 과학기술은 같은 이념적 맥락 아래 결합할 수 있게 된다.

현대 과학기술의 대세 이념인 전일론적이고 진화론적인 세계관은 생태적 세계관을 가능케 한다. 사실, 환경보호론자들의 생태학은 이 세계관을 바탕으로 자본주의의 한계를 지적하고 극복함으로써 생태위기로부터 지구를 지키려고 노력해 왔다. 실제로, 환경보호론 생태학은 통전적이고 관계적인 세계관을 통해 자본주의의 약점을 넘어서려고 한다. 하지만, 다시 상기하자면, 자본주의는 자본주의 비판마저도 판매한다. 통전성이나 관계성은 오늘날 제4차 산업혁명을 말하는 이들의 단골 메뉴가 되었다. 블록체인 기술이나 클라우드 기반의 연결체계, 사물인터넷 등은 통전성과 관계성을 인간뿐만 아니라 인공지능과 같은 과학기술의 결과물들에까지 연장하여 시장화하는 것이 가능함을 보여준다. 이렇게 될 수 있었던 이유는 명료하다. 통전성이나 관계성은 자본주의의 시장 중심 성장 담론과 대척점에 있는 개념이 아니기 때문이다. 이 개념들은 자본주의 외부에 있는 개념들이 아니라 자본주의와 관련이 없는 개념들이다. 자본주의는 자신의 외부에 있는 것은 포착 불가능하기에 상품화하지 못하지만, 자신과 관련이 없는 것은 기회가 될 때 상품화하는 게 가능하다.

따라서, 기후 위기 앞에서 생태[신]학은 본격적으로 자본주의의 외부를 사유해야 한다. 자본주의적 성장의 대척점에 서서 탈성장을 사유해야 하며, 탈성장을 기반으로 하여 현대 과학기술과 결합해야 한다. 현대 과학기술의 전일론적이고 진화론적인 세계관은 성장이 아니라 탈성장과 결합된 이념이기 때문이다. 성장 담론은 불가피한 불평등을 정당화하지만, 전일론은 이러한 불평등에 저항한다. 성장 담론은 문명의 진보를 향해 달려가지만, 진화론은 방향이 정해지지 않은 미지의 세계를 향한 모험과 여행으로 안내한다.

이에 따라 생태신학은 적어도 두 가지 자기변혁을 꾀해야 한다. 첫째, 생태신학은 자신의 철학적 기반인 "창조 세계의 보존"이라는 개념을 재해석해야 한다. 일반적으로 창조 세계의 보존 개념은 창조와 타락의 교리에 연동된다. 그리고 신학은, 아무리 전통적 해석에서 멀리 나간 경우라고 해도, 이 교리의 근본적인 형식을 벗어나지 않는다. 그 형식이란 다음의 그림과 같다.

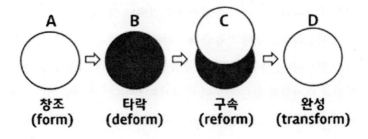

위 그림에서 보듯, 창조에서 완성에 이르는 일련의 구원 역사는 일종의 순환구조를 갖는다. 즉, 최후의 완성(transform)은 최초의 창조(form)와 일치한다. 완성은 어떤 형식으로든 원형(archetype)과 관련해서 발생하며, 원형이 가진 원래의 꼴(form)은 완성이 제 아무리 이전의 꼴을 넘어선 경우(transform)라고 할지라도 어떤 방식으로든 보존된다. 이러한 생각은 창조 세계의 보존이라는 사유 속에 그대로 담겨 있다. 보존은 일종의 원형회귀인 셈이다. 그러나 현대 과학기술이 품고 있는 진화론적 사유는 원형을 기반으로 하는 새로움이 아니라 변형을 기반으로 하는 새로움에 관련된다. 원형을 상정하지 않는 새로움은 전적인 모험이며, 어떤 회귀도 허락하지 않는 촘촘한 전진이자, 비교판단할 대상이 없기에 우열을 가릴 수도 없는, 상황과의 관계와 관련된 새로움이다. 따라서 창조 세계의 보존은 과거의 어떤 흔적을 유지하는 것이 아니라, 현재와의 관계 속에서 전망할 수 있는 방향에 관한 윤리적 판단을 감행하는 것으로 해석되어야 한다. 이 판단에서 과거는 기억의 형태로 현재화될 수 있을 뿐이며, 따라서 현재의 또 다른 국면일 뿐이다.

둘째, 지속가능성을 생태신학을 구성하는 방법론으로 삼을 것이 아니라, 지속불가능성을 방법론으로 삼아야 한다. 생태신학에서 지속가능성은 생태위기를 설명하는 키워드이자 생태 위기를 극복하기 위한 최소한의 마지노선으로 설정되어 있다. 다시 말해, 생태신학은 지속가능성을 통해 지속가능성에 도달하고자 한다. 지속가능한 시스템을 구축함으로써 지속가능한 생명을 보장하려는 것이다. 하지만, 생태신학이 지속가능성을 방법론으로 할 경우, 자본주의의 성장 담론과 결별하기 어려울 뿐만 아니라, 기독교의 가장 핵심적인 가르침과도 어긋난다. 지속가능성은 자본주의적 성장의 핵심 동력인데, 희소한 환경을 기반으로 하는 성장을 통해 지속가능한 생명을 유지할 수 있다는 발상은 영원한 삶이라는 이상에 기술적으로 도달 가능하다는 환상을 자극함으로써 생명현상은 물론 기독교의 핵심적인 가르침을 위배하도록 유혹한다.

사실, 자본주의에서 성장 담론과 지속가능성이 만나는 경우 발생하는 사태는 불평등이다. 자본주의 내부에서 지속가능성은 욕망의 대상이자 통제의 수단이다. 자본주의적 성장은 누구나 누릴 수 있는 것이 아님에도, 누구나 이 성장을 누릴 수 있다는 환상을 대중에게 심을 수 있는 이유는, 이러한 성장이 지속가능하다는 논리로부터 지금은 자본주의적 성장을 누리지 못하는 존재들도 언젠가는 이 성장을 누릴 수 있으리라는 기대감을 조장할 수 있기 때문이다. 이런 까닭에 자본주의 체제의 하위에 놓인 사람들은 지속가능성을 욕망하며, 그렇게 해서 자본주의 내부에서 통제된다.

하지만 전일론적 사유에서 생명현상은 지속가능성을 통해서 유지되는 것이 아니라, 지속불가능성을 통해서 유지된다. 하나의 개체는 그 지속불가능성을 기반으로 세대를 이어간다. 장기적 전망의 지속가능성은 반드시 지속불가능성을 통해 도달할 수 있지 지속가능성 자체를 통해 도달할 수 있는 것이 아니다. 유기체의 시공간적 전개를 바탕으로 해서 시작된 전일론적 사유는 생명의 유한성을 근간으로 한다. 전체만의 독특성은 유한한 부분들의 시간적 전개를 토대로 한다.

지속불가능성은 기독교 신앙의 핵심이기도 한데, 죽음이라는 단절을 관통하지 않고서 생명에 도달하는 것은 불가능하다는 사실은 십자가와 부활의 교리가 의미하는 바다. 이 교리는 지속가능성이 지속불가능성을 관통하고서야 도달할 수 있는 이상임을 명확히 하고 있다. 따라서 만일, 지속가능성을 토대로 생태신학을 시도하려 한다면, 이러한 신학은 기독교신학으로 남기는 어려울 것이다.

이상의 논의를 간단하게 정리하면 다음과 같다. 기후 위기 시대의 생태신학은 자본주의 외부에서 자본주의의 발본적 취약점을 급진적으로 극복하는 신학이 되어야 한다. 생태신학은 이러한 신학이 되기 위해 자본주의 내부의 신학으로 습합되어 있는 두 가지 개념을 새롭게 해야 하는데, 첫째, 창조 세계의 보존 개념을 진화론적으로 철저하게 재해석해야 하며, 둘째, 자본주의적 모순의 근원인 지속가능성 개념을 새롭게 재해석하기 위해 지속불가능성 개념을 사유의 핵심으로 삼는 철저한 전일론적 신학으로 거듭나야 한다.

나가는 말

기후 위기가 다가오는 속도는 문명이 자신을 성찰하는 속도보다 빠르다. 이것이 기후 변화를 기후 위기로 고쳐 읽을 수밖에 없도록 한다. 이러한 현실 앞에서 생태신학은 성찰의 속도를 의식적으로 높여야 한다. 그것은 오랫동안 우리가 알고 있었던 탈성장의 길을 걷는 것인데, 이것이야말로 기후 위기의 근원이자 자본주의의 핵심적 동력인 성장 담론과 정면으로 대립하며 막아서는 길이기 때문이다.

이러한 길을 걷기 위해, 생태신학은 두 가지 방향에서 자신의 담론을 서둘러 재정비해야 한다. 첫째는 창조 세계의 보존 개념의 재정비다. 이것은 창조의 시초가 어떠한지를 우리가 마치 알고 있어서 그것으로 돌아가서 유지한다는 뜻으로 읽어서는 안 된다. 이것은 주어진 지금의 상황에서 가장 바람직한 방향으로의 변화를 성찰한다는 뜻으로 읽어야 한다. 둘째는 지속가능성이라는 생태학적 개념의 신학적 읽기이다. 신학적 정직함으로 볼 때, 지속가능성은 지속불가능성을 통해 도달하는 것이며, 따라서 지속불가능성을 토대로 한 생태학적 정책을 제시하는 것이 생태신학의 임무여야 한다.

기후 변화, 한국교회는 예언자가 될 것인가?

이성호*

들어가는 말

아주 오래전부터 사람들은 날씨에 민감하게 반응하며 살아왔다. 왜냐하면 날씨에 잘 적응하는 일이 사람들의 생존에 직결되었기 때문이다. 그래서 우리 민족의 선조들은 4계절의 변화를 24절기로 나누었겠는가. 농경사회에서는 계절의 변동과 날씨의 변화를 잘 파악하여 적절하게 농사일을 해 주어야 일 년 농사가 성공적일 수 있었기 때문이다. 날씨의 변화는 항온동물인 사람의 생명 유지에도 결정적 요소이다. 감기 걸렸을 때 열이 섭씨 2도만 올라도 우리의 몸이 무척 힘들다는 경험을 누구나 해보았을 것이다. 40도 넘는 고열이 오래 지속되면 사망에 이를 수 있다. 그래서 추운 겨울에는 옷

명지전문대학 초빙교수 / 연세대학교 겸임교수

| 2부 _ 생태신학과 한국교회의 성찰

을 따뜻하게 입고 더운 여름에는 가벼운 옷을 입고 선풍기나 에어컨 바람을 쐬곤 한다. 변화무쌍한 계절에 적응하고 우리의 체온을 유지하기 위함이다.

그런데 인체의 체온이 현재에서 2도 올라가면 굉장히 위험한 것처럼 지구 전체의 평균 온도가 2도 이상 올라가게 되면 어떻게 될까? 기후는 어떻게 변할 것이며 거기에 적응해야 하는 생명체들은 어떻게 되는 것일까? 이것은 단순히 사고 실험과 같은 상상이 아니다. 지금 현재 지구 전체에서 일어나는 현실이다. 이를 최근의 과학자들이 지구온난화로 인한 기후 변화 혹은 기후 위기라고 부른다. 지구온난화로 날씨가 변화될 것이라는 얘기는 어제 오늘 얘기가 아니다. 우리나라를 포함하여 매해 지구촌 곳곳에서의 여름철 최고 온도 경신, 겨울철에는 최저 기온 경신 뉴스들을 우리는 심심치 않게 접하고 있다. 태풍, 가뭄, 혹서, 혹한과 같은 극단적인 날씨들이 갈수록 빈도수도 많아지고 강도가 점점 세지고 있음을 피부로 느끼고 있다. 기후학자들을 비롯한 많은 전문가들에 따르면 지구온난화의 파급효과가 단순히 극단적 날씨에 그치지 않는다고 진단하고 있다. 이에 대한 보다 상세한 설명은 뒤에 나오겠지만 결론부터 얘기하면 인간 문명이 지금의 상태를 유지했을 경우에도 평균 온도가 상승되어(21세기 말까지 3도 상승) 인류를 포함한 전 지구적 생물종 멸종 위기에 봉착할 것이라고 한다. 생태계를 지키자는 대의 이전에 인류 생존 자체를 위해서라도 전 지구적, 각계각층의 총체적 변혁과 노력이 절실한 시점이라 하겠다.

이러한 기후 위기 시대에 생명 구원을 모토로 하는 교회는 어떤 역할을 감당해야 할까? 이 글에서 우리는 "기후 변화, 한국교회는 예언자가 될 것인가?"라는 제목 아래 기후 위기 시대에 사는 교회의 역할에 보다 심도있게 고민해보고자 한다.

쓰레기 위에 있는 인간과 자연

기후 변화와 교회의 역할에 대한 이야기를 본격적으로 나누기 전에 환경파괴의 현실을 적나라하게 보여주는 언론 기사 2개를 잠시 살펴보고자 한다.

첫 번째는 케냐 나이로비에 있는 쓰레기 처리장의 모습을 취재한 LA타임즈 기사이다.[1] 기사와 함께 내보낸 사진을 보면 마치 쓰레기가 산처럼 보일 정도로 높이 쌓여 있는데, 쓰레기 산의 등성이에 한 사람이 편안한 자세로 누워 있다. 이 기사에 따르면 그는 쓰레기를 뒤져 먹을 것이나 생필품을 얻는 중에 잠시 쉬는 중이라고 한다. 이 장면은 왼쪽에 황새처럼 보이는 큰 새의 모습과 더불어 우리 인간 문명의 현실을 상징적으로 드러내고 있다. 우리 인간들이 누릴 편리함과 문명의 이기를 위해 각종 상품들이 사용 후 버려지는

---

1) LA 타임즈, 2016년 4월 22일 기사,
   https://www.latimes.com/world/global-development/la-fg-global-trash-20160422-20160421-snap-htmlstory.html.

데, 쓰레기를 모으는 매립지가 마치 산으로 보일 정도로 그 양이 상상을 초월한다는 것이다(연간 10억 3천만 톤 배출). 그런데 엄청난 양의 쓰레기들이 산처럼 쌓인 사진들의 장소들은 대부분 개발도상국이나 빈곤국들이다. 선진국들의 쓰레기를 수입해온 국가들은 말레이시아, 인도네시아, 필리핀 등의 동남아, 인도, 중국, 아프리카 지역에 있는 국가들이다. 자본의 논리에 따라 소위 선진국들이 누리는 풍요의 찌꺼기는 개발도상국 내지 저개발 국가들이 처리하는 형국이다. 그래서 최근 '쓰레기 식민주의'라는 용어도 등장했고, 중국, 말레이시아 등의 국가들이 참다못해 쓰레기 수입을 거부했다는 뉴스들이 나오고 있는 것이다.

LA 타임즈 기자는 기사를 통해 세계에서 가장 쓰레기를 많이 배출하는 미국인들이 이 문제를 경시하고 있다고 비판한다. 그리고 그 이유는 효율적인 쓰레기 처리와 쓰레기 수출 등으로 인해 그들의 눈에 쓰레기가 보이지 않기 때문이라는 것이다. 여기서 가난하고 배고픈 케냐인이 쓰레기 산 위에 누워 있는 것이 의미심장하게 다가온다. 이 기사의 쓰레기 산 장면에서 발견되는 흥미로운 장면이 한 가지가 더 있다. 쓰레기 산에 누워있는 사람과 얼마 떨어지지 않은 곳에 큰 새 한 마리가 쓰레기 산등성이 위에 앉아 있는 모습이다. 그 새는 쓰레기가 산처럼 보여서 앉아 있는지 쓰레기에서 먹을 것을 찾기 위해 온 것인지 알 수는 없지만, 푸르른 숲에서 거해야 할 새의 환경이 인간이 배출한 쓰레기가 된다는 사실이 자연과 문명의 아이러니한 관계를 보여주는 듯하다. 본래 문명은 자연으로부터 나왔지만 이제는 문명이 자연을 집어삼킨다고 할까? 지금 단계에서는 너무 과도한 상상이라 생각할지 모르겠다. 그러나 우리 논의가 진행되다 보면 그러한 상상이 현실이 되어가고 있음을 보게 될 것이다.

두 번째는 2019년 3월 8일자 한겨레 신문기사이다. 이 기사에도 특이한 장면을 담은 사진이 함께 실려 있다. 사진에는 무언가를 담은 검은색 봉지들이 들판에 가득 쌓여 있다. 기사에 따르면 그 장소는 후쿠시마현 후미타군 도미오카 도로라고 한다.[2]

후쿠시마하면 생각나는 것이 있다. 바로 2011년 동일본 대지진으로 인해 후쿠시마 원전에서 발생한 사고이다. 최근(2019년 8월 현재)에 방사능으로부터 일본 올림픽이 안전한지에 대한 문제제기가 되면서 후쿠시마 지역이 다시 주목 받고 있다. 이 문제를 다루는 언론 보도들을 살펴보면 일본 정부는 올림픽의 성공을 위해서 후쿠시마를 복원했으며 후쿠시마가 안전하다고 홍보해 왔고, 이를 위해 올림픽의 일부 경기들을 후쿠시마 지역에서 진행할 계획과 후쿠시마 지역 농·수산물을 올림픽 경기 중에 제공하겠다는 계획들을 발표했다. 하지만 막상 현장 취재를 다녀온 기자들은 후쿠시마의 방사능 제염 관리 수준이 매우 허술하고, 일본 정부가 올림픽을 의식하여 현실을 의도적으로 왜곡하거나 무시하고 있다는 보도 혹은 르포들을 전하고 있다.

---

2) 「한겨레신문」, 2018년 3월 8일자,
   http://www.ha-ni.co.kr/arti/international/japan/835189.html.

충격적인 보고 중의 하나가 「한겨레신문」 기사에 등장한 들판 위에 검은 봉지들의 실체이다. 검은색 봉지들에 담긴 내용은 다름이 아니라 후쿠시마 지역의 토양을 걷어내 담아 놓은 것인데, 방사능으로 오염된 토양을 제거하여 일종의 제염 작업을 한 것이다. 하지만 전문가들에 따르면 이런 방식으로는 절대 제대로 된 방사능 제거가 이루어질 수 없다는 사실이다. 방사능에 오염된 물질은 유출을 막기 위해서 콘크리트와 같은 구조물 속에 위치시켜야 하는데, 위와 같이 비닐로 했을 경우 언제라도 그 비닐들이 터질 수 있고 방사능 오염물질이 밖으로 배출될 수 있기 때문이다. 아니나 다를까 2019년 10월 초강력 하기비스 태풍이 왔을 때 후쿠시마의 방사능 토양 비닐포대들 다수가 유실되었다는 소식이 전해졌다. 이렇게 방사능 오염물질을 방치하다시피하는 상황은 매우 비상식적이며, 더구나 올림픽 홍보를 위해 이러한 상황을 호도하거나 감추는 일들이 자행되고 있는 현실이다. 이처럼 올림픽의 성공을 일본 정부의 성공을 동일시하여 과도한 욕심을 내고 진실을 호도하는 모습이 인간 문명의 이기성과 교만의 모습을 상징적으로 보여준다고 하겠다.

바벨탑과 인간 문명

케냐의 쓰레기 산과 일본의 방사능 비닐봉지 더미를 보면서 떠오른 성경 이야기가 있다. 바로 창세기 11장에 등장하는 바벨탑 이야기이다.

성서학자들은 성서의 바벨탑은 고대근동 시대에 존재했던 지구랏트라는 신전을 배경으로 한다고 한다. 바벨탑 이야기에 나오듯이 지구랏트 신전은 벽돌을 정교하게 쌓아 현대적 기준에 보아서도 상당히 높은 건물을 만들어낸 것을 보게 된다. 그런데 필자는 성경이 이를 종교적 차원보다 더 큰 문명적 차원에서 접근하고 있다고 생각한다.

바벨탑 이야기는 우리가 아는 대로 사람들이 모여 벽돌을 쌓아 탑을 하늘에 닿게 하고 자신들의 이름을 내고자 했다. 그런데 그 작업은 신께서 그들의 언어를 흩어 놓아 결국은 실패하게 되었다는 구조로 이루어져 있다. 그런데 우리가 이 바벨탑 이야기를 보면서 간과하지 말아야 할 사실은 창세기의 노아 홍수 이야기와 바벨탑 이야기가 독립된 이야기들이 아니라 서로 긴밀히 연결되어 있다는 점이다. 노아 홍수는 간단히 말해서 사람들이 자신들의 욕심과 정욕을 제어하지 못하고 온갖 악행을 저지르기에 여호와께서 홍수로 그들을 심판하고 새로운 세상을 시작하려는 이야기이다. 당시의 유일한 의인이었던 노아는 여호와의 선택을 받아 방주를 지음으로 홍수에 대비하고 새로운 씨앗이 될 생명들을 방주에 태워 홍수 이후 세상을 준비한다.

성서는 비가 40일 밤낮으로 내리고 산봉우리만 남긴 채 모든 세상이 다 잠겼다고 기록한다. 그리고 180일이 지나 물이 빠진 뒤 뭍으로 내려온 노아 가족과 동물들은 무지개로 상징되는 신의 약속,

즉 신과의 신실한 관계 속에서 새로운 세상을 일구어 가겠다고 다짐하게 된다. 이것이 바벨탑 이야기의 배경으로 생각하고, 이제 바벨탑 이야기를 다시 한 번 들여다본다면, 창세기 11장 3-4절은 이렇게 묘사한다.

> ³서로 말하되 자, '벽돌을 만들어' 견고히 굽자 하고 이에 '벽들로 돌을 대신하며' 역청으로 진흙을 대신하고 ⁴또 말하되 자, 성읍과 탑을 건설하여 '그 탑 꼭대기를 하늘에 닿게' 하여 우리 이름을 내고 '온 지면에 흩어짐을 면하자' 하였더니(창 11:3-4).

우선 창세기 11장 3절을 한 번 주목해보자. 여기서 사람들이 탑을 지을 때 벽돌로 돌을 대신하고 있다. 돌로 된 탑이라면 자연에서 있는 돌들을 가지고 와서 각을 잘 맞추어서 쌓아 놓은 것이다. 그런데, 벽돌은 진흙을 네모반듯하게 빚어서 불에 구운 것이다. 인간의 가공이 들어간 것이다. 3절에 재미있는 단어가 하나 나온다. '역청'이라는 단어이다. 역청은 히브리어로 '헤메르'라는 단어인데 '끓다'라는 뜻의 '하마르'라는 단어에서 파생되었다고 한다. 현대 사회에서 중동하면 연관되는 단어들 가운데 석유를 빼놓을 수 없을 것이다. 고대 성서 시대에도 석유가 지하에서 끓어오르면서 밖으로 나왔나 보다. 그것이 바로 헤메르인 역청이다. 우리가 도로를 깔 때 아스팔트를 사용한다. 여기에 석유가 사용되는데 역청도 바로 그것과 비슷한 재료이다. 벽돌 사이에 발라 붙이면 아주 견고하게 붙게 된다고 한다. 그러니까 바벨탑은 인간의 손을 거치고, 인간이 가공한 문명을 상징한다.3) 이러한 주해는 4절에서도 적용할 수 있어 보인다. 바벨탑을 건설하던 이들이 그 탑을 하늘에 닿을 만큼 높게 쌓으려는 이유의 첫 번째는 자신들의 이름, 즉 자신들의 명성을 세상 가운데 자랑하고 널리 알리고자 함이었다.

그런데 가만히 보면 성읍과 탑을 건설한 자랑 속에 신에 대한 감사는커녕 신에 대한 언급조차 없다. 노아 이야기와 연관하여 보면 노아로 대표되는 인간은 신과의 신실한 관계 속에 살기로 약속했지만 바벨탑을 쌓은 인간들은 정반대의 모습을 보인다. 그들에게 신에 대한 인식조차 발견되지 않기 때문이다. 그래서 앞의 3절 주해와 연관하여 생각할 때 바벨탑을 하늘에 닿고자 함은 인간의 문명이 신에게 도전하는 행위로 이해될 수 있다. 그런데 바벨탑을 높이 쌓은 두 번째 이유도 여기서 발견된다. "온 지면에 흩어짐을 면하자"라는 구절과 노아 홍수 이야기를 묶어서 생각해보면 그 이유가 발견된다.4) 노아의 후손들은 홍수가 나서 물이 세상의 높은 산들까지 집어삼킨 트라우마를 가지고 있었을 것이다. 그런데 그들은 그 공포를 신과의 온전한 관계로 극복한 것이 아니라 탑을 높이 쌓

---

3) Claus Westermann, *Genesis 1-11: A Continental Commentary*, trans. John Scullion (Minneapolis, Minn.: Fortress Press, 1994), 546.

4) 구약성서학에는 노아 홍수의 결론인 '생육하고 번성하라'(창 9:7)라는 말씀과 바벨탑의 결론인 언어의 흩어짐과 연결되어 있다는 해석이 존재한다. cf. Claus Westermann, *Genesis 1-11: A Continental Commentary*, 537-538. 이에 동의하면서도 필자는 홍수 트라우마와 높은 건물을 쌓는 사람들의 생존 심리를 연결하는 해석을 시도해 보았다.

는 것으로 풀어낸 것이다. 아마 산봉우리보다 높은 탑을 쌓으면 홍수가 와도 자신들이 살아남을 수 있으리라 상상했을지 모르겠다. 여기서 우리는 무지개를 통해 다시는 물로 멸망시키지 않겠다는 신의 약속을 잊어버린, 아니면 애써 무시한 인간들의 불신앙의 모습을 발견하게 된다. 그러므로 창세기의 바벨탑은 인간의 문명을 상징하며, 쓰레기 산이나 방사능 봉지들의 사례들이 보여주듯이 오늘날 생태계를 파괴하는 인간 문명은 바벨탑과 다름없다. 그러면 하느님께서는 성서를 통해 인간의 문명에 대해 어떤 메시지를 우리에게 주시고 계실까?

예언자와 하느님의 문명 심판

성서의 전체 구조는 어떻게 보느냐는 각기 다를 수 있겠지만, 필자는 기후 변화와 한국교회의 역할에 관련한 이 글에서 이렇게 해석하고자 한다. 성서 전체를 살펴보면 다음과 같은 구조가 반복되고 있음을 알 수 있다. 인간(문명)의 죄악과 악행에 대하여 신의 심판으로 여겨지는 재앙적 결과들이 발생한다. 이에 대해 성서의 신은 구원의 기회를 허락하기 위해 메신저 역할을 하는 사람들을 보낸다. 그리고 신의 메시지를 이해하고 수용하며 그 말씀을 실천하는 자들에게 구원이 주어진다. 보통 예언자라고 하면 예언서들에 등장하는 예언자들을 얘기하지만 예언자의 본래 뜻이 '신의 말씀을 대신해서 전하는 사람'임 비추어 볼 때 예언자의 범위를 넓게도 볼 수 있을 것 같다. 신의 메신저라는 맥락에서 노아가 어쩌면 성서에서 최초의 예언자로 생각될 수 있지 않을까?

그런데 한편으로 보면 노아가 전한 메시지는 굉장히 무서운 내용이다. 왜냐하면 홍수로 세상이 멸망될 것이라고 했기 때문이다. 사람들은 노아를 무시하고 조롱했다. '비도 오지 않는 지역에서 무슨 물로 세상이 망하겠나' 하는 의문은 노아의 예언보다 합리적으로 보인다. 성서에 따르면 적어도 수십 년이나 지나서 홍수가 시작되었다고 한다. 오랜 세월 동안 홍수가 일어나지 않았으니 사람들은 그를 미치광이 취급했을지도 모른다. 그러나 성서는 노아의 손을 들어준다.[5]

그런데 이러한 '**죄악→심판→구원**'의 구조가 예언서들의 예언자들에게서도 반복된다. 이사야 7장 8절을 보자.

대저 아람의 머리는 다메섹이요 다메섹의 머리는 르신이며 육십오년 내에 '에브라임이 패망'하여 다시는 나라를 이루지 못할 것이며(사 7:8).

---

5) 방주 건조 기간을 놓고 소위 70년, 100년, 120년 등의 다양한 설들이 존재한다. 하지만 필자는 노아 이야기를 역사주의적 관점으로 해석한 것이 아님을 밝힌다. 본 글은 노아의 홍수가 역사 속에서 실재했는가 아닌가가 중요한 관심이 아니다. 사실 오늘날 성서학계에서는 창세기 1-11장을 역사적으로 검증하기 힘든 이야기들이지만 세계와 인간에 대한 근본적인 관점을 드러내는 이야기들이 담겨있기에 '원역사'라고 부른다.

여기서 이사야는 에브라임으로 불리는 북이스라엘 왕국의 멸망을 선포한다.6) 예레미야도 마찬가지이다. 예레미야 26장 5-6절도 비슷한다.

> 5내가 너희에게 나의 종 선지자들을 꾸준히 보내 그들의 말을 순종하라고 하였으나 '너희는 순종하지 아니하였느니라.' 6내가 이 성전을 실로 같이 되게 하고 이 성을 세계 모든 '민족의 저줏거리'가 되게 하리라 하셨느니라(렘 26:5-6).

남유다 왕궁의 예언자로서 예레미야는 6절의 "세계 모든 민족의 저줏거리"라는 말로 남유다의 멸망을 공언하고 있다. 그리고 5절에서 "신께서 선지자들을 계속 보내었으나 유다 민족이 순종하지 않았다"라는 예레미야의 해석이 멸망이라는 심판을 인간이 자초했다는 것이 성서의 관점임을 보여주고 있다.7) 바로 이 점에 우리는 주목할 필요가 있다.

하박국 3장 2절 말씀도 살펴보자. "여호와여 주는 주의 일을 이 수년 내에 '부흥'하게 하옵소서 이 수년 내에 나타내시옵소서 '진노' 중에라도 '긍휼'을 잊지 마옵소서"라는 2절의 일부 구절은 개신교 성도들이 많이 활용하는 말씀이다. 사실, 굉장히 긍정적인 의미를

---

6) 홍국평, 『이사야 I』, 연세대학교백주년기념 성경주석(서울: 대한기독교서회, 2016, 117, 121.)

7) 제럴드 L 코운 외 2인/정일오 옮김,『예레미야 26-52』, WBC 성경주석(서울: 도서출만 솔로몬, 2006, 64-65.)

담은 구절로 이해되고 있는 편이다. 개인이나 사업의 성공에 대한 기원으로 활용된다. 특히 교회의 부흥을 소망하는 마음을 담아 해당 연도에 개체 교회의 표어로도 많이 쓰이고 있다. 하지만, 이 구절의 맥락을 살펴보면 그렇게 긍정적으로 활용하는 것을 재고해 보아야 할지도 모른다. 3장 2절의 구절 이전 장들을 보면 하박국 예언자가 활동하던 남유다의 상황은 매우 참혹하다. 남유다는 온갖 죄악과 부패가 넘쳐나고 폭력과 갈등이 난무하는 사회임을 하박국 1장 2절에서 알 수 있다. 하나님의 율법도 지키지 않고 신앙도 소홀히 하니 사회에 정의도 부재한다. 이러한 맥락에서 '부흥'은 어떤 의미일까? 바로 뒷 문장과 연결해서 보면 추측이 가능해진다. 수년 내 나타날 일이 바로 여호와의 진노라는 것이다. 그리고 그 진노가 너무 무섭기에 그 가운데서도 긍휼을 베풀어 달라는 간절한 기도인 것이다. 여기서 우리는 남유다가 얼마 가지 못해 주전 587년 경에 신바벨론제국에 의해 멸망당하고 수많은 남유다인들이 포로로 끌려갔던 역사적 사건을 잊지 말아야 한다. 하박국 선지자는 수년 내에 남유다의 멸망이 올 것이라는 여호와의 메시지를 강력하게 전하고 있는 것이다. 하박국 예언자가 기원전 612~605년경 활동한 사실에 비추어보면 정말 20년이 채 안 되어 남유다는 멸망하고 말았다. 예언자들은 이처럼 당시의 정세를 냉철하게 파악하고 그에 대한 신의 메시지를 가감 없이 전하는 사람들이었다. 설령 그 이야기가 듣는 사람들의 입장에서는 부정적이고 불편하며 심지어 두려운 이야기라 할지라도 말이다. 오히려 하박국 선지자는 부패한 남유다에 대한 심판이 당신의 백성을 향한 사랑의 질책이라 믿고 속히 주의 진노가 있게 해달라고 간청하고 있는 것이다.[8]

한국의 그리스도인들은 신앙생활을 하면서 거짓 예언자들을 조심하라는 이야기를 종종 들었을 것이다. 그러한 얘기들은 주로 마지막 하나님의 나라가 임하기 전에 성도들을 잘못된 길로 가도록 미혹하는 세력에 대한 요한계시록의 경고와 연관된 경우가 많았다. 하지만 참된 예언자와 거짓 예언자를 구분하는 일은 신약 시대보다 훨씬 전인 구약의 예언자들이 활동하던 시대로 거슬러 올라간다. 성서에 예언서에 등장하는, 우리가 이름을 알고 있는 예언자들은 몇 명 되지 않지만 당시에는 예언자 학교가 존재했을 정도로 수많은 예언자들이 활동하고 있었다. 그런데 성서에 따르면 그들 가운데 거짓 예언자를 구분해내는 원칙이 있는데 그것은 하나님의 메시지를 정직하게 전하지 않고 도리어 왕 등의 권력에 아부하면서 예언자 자신이 속한 나라에 대한 장밋빛 미래만 선포하는 경우이다. 사실 따지고 보면 참된 예언자와 거짓 예언자를 판명한 것은 역사라고 할 수 있다. 왜냐하면, 자신들의 조국이 곧 멸망한다고 선포한 예언자들의 메시지대로 북이스라엘과 남유다는 차례차례 고대근동 제국들에 의해 멸망당하게 되었음을 후손들은 역사 속에서 몸소 깨닫게 되었기 때문이다. 멸망의 대상으로 지목된 나라들의 지도자들과 백성들에게 그 메시지는 너무도 싫었을 것이다. 당시에는 파

---

8) 노세영, 『나훔 / 하박국 / 스바냐』 대한기독교서회 창립 100주년 기념 성서주석 (서울: 대한기독교서회, 1988), 167-169, 266.

국과 심판을 외친 예언자들이 핍박 받았고, 어쩌면 그들이 거짓 예언자로 취급 받았을지 모른다. 하지만 당시의 국제정세를 정확히 읽고, 국내 현실을 비판하며 진실을 외친 그들은 역사 속에서 평가받고 진정한 예언자로 성서의 예언서들에 이름을 올리게 되었다.

기후 변화 시대의 예언자, IPCC

'기후 변화에 관한 정부간 협의체'(Intergovernmental Panel on Climate Change, 이후로 IPCC로 약칭)라는 단체를 들어보았는가? IPCC는 세계기상기구(WMO)와 국제연합환경계획(UNEP)이 함께 1988년 설립한 유엔 산하 조직으로서 각 분야의 전문가들의 도움을 받아 각 정부의 정책 입안자들을 위해 기후 변화의 추이를 과학적으로 검증하고 그 위험성을 알리며, 대안을 제시해 온 단체이다. 지난 2007년에는 지구온난화 현실을 과학적으로 입증하고 다양한 방면의 파급효과를 알려온 공헌을 인정받아 노벨 평화상을 수상하기도 했다. 특별히 IPCC가 최근 2018년도 10월에 발표한 소위 "1.5℃ 특별보고서"는 매우 의미심장하다. 보고서에 따르면, 만일 인간 문명이 탄소 배출량을 2030년까지 2010년도 대비 45%까지 줄이지 못하고, 2050년까지 순제로(net zero)까지 줄이지 못하면, 금세기 안에 지구 평균 온도 1.5℃라는 최소한의 온도 상승을 유지하지 못하게 된다는 것이다.9)

지난 2015년에 전 세계 196개 국은 지구온난화 방지를 위한 탄소 배출 감축의 국제적 합의인 파리협정에 서명을 하는 성과를 이루어냈다. 하지만 파리협정에서 제시된 목표가 이행되더라도, 2100년경에는 지구 평균 온도가 3℃ 상승할 것이라고 IPCC는 예측하고 있다. 그래서 IPCC는 지구 온도 1.5℃ 상승에도 고온을 동반한 혹서가 예상되고 홍수나 가뭄 등이 증가할 것으로 예상되지만, 2℃ 상승이 가져올 엄청난 재앙보다는 그나마 낮기에 1.5℃ 상승으로 지구온난화의 수준을 잡자는 최소한의 목표를 제시하고 있다. 만일, 2℃로 지구 평균 온도가 상승한다면 생태계 전체가 매우 높은 위험 단계로 진입하게 된다. 산소를 공급하면서 바다 생태계의 결정적 역할을 하는 산호 99% 이상이 소멸할 것이다. "서식지 절반 이상이 감소 될" 육상 생태계의 비율은 1.5℃때 보다 2℃때 2배 높을 것이다. 해수면은 최대 1m까지 높아질 것으로 예상된다. 이와 같은 IPCC의 시나리오대로 한다면 탄소 배출량을 45%까지 줄여야 할 시기인 2030년이 지금으로 10여 년밖에 남지 않았다. 매우 충격적인 결과이다. 그야말로 생명 세계가 절멸의 위기를 맞게 되고 인간 문명의 존립 자체가 위협받게 될 것이다.

　단순하게 얘기하면, 인간 활동이 빚어낸 기후 위기가 거꾸로 인류문명을 멸망시킬 것이라고 IPCC는 과감하게 예측하고 있는 것이다. 기독교적 언어로 바꾸어 얘기하면 IPCC는 이 시대의 예언자로

---

9) IPCC, *Climate Change 2018: Special Report(Summary for Policymakers)*, (IPCC, 2018), 6-14.

규정할 수 있다. 우리는 그 이유를 앞에서 살펴본 성서 속의 예언자들과 비교하면 찾을 수 있다.

첫째, 성서의 예언자들이 당시 이스라엘 민족을 둘러싼 국제정세를 정확하게 파악한 것처럼, IPCC도 인류의 생존을 위협하는 기후 변화의 추이를 분명히 짚어내고 있다. 이러한 판단은 특정한 사람이 사적 편견이나 감정 혹은 상상력을 동원해서 이루어진 것이 아니다. 수천 명의 과학자들이 과학적 연구들을 근거로 하여 연구 결과의 함의를 합의에 다다른 것인 만큼 매우 합리적이고 근거가 탄탄하며 개연성이 높은 판단이다. 따라서 이러한 연구는 우리 모두가 매우 심각하게 받아들여야 하는 미래적 현실이다.

둘째, 성서의 예언자들이 왕의 눈치를 보지 않고 정직한 메시지를 과감하게 전달한 것처럼, IPCC 또한 정부 지도자들에 입맛에 맞게 낙관적 결론을 내리지 않는다. 2018년도 보고서는 지구 평균 온도 상승 1.5℃를 유지하기 위해 10년, 30년 뒤의 목표치를 제시하고 있기 때문에 IPCC의 보고는 매우 현실적이면서 또한 현실의 급박성을 환기시키고 있다.

셋째, IPCC가 처한 상황도 성서의 예언자들이 고독했고 많은 핍박을 받았던 상황과 유사해 보이다 비록 노벨 평화상을 받을 정도로 IPCC는 전 세계적으로 인정받는 단체이지만, 시야를 넓게 보면 상황은 여전히 어렵다. 여전히 많은 사람들은 IPCC의 존재조차 잘 모른다. 많은 이들은 기후 변화로 인한 극단적인 날씨에 대해서는 불편해하지만 기후 변화로 인한 위기를 자신의 문제로 생각하지 못한다. 전 세계 정책 입안자들과 정책 실행자들은 기후 변화의 문제를 최우선 순위로 놓고 있지 않다. 온난화를 초래한 무한생산과 소비의 경제적 시스템을 바꿀 생각은 없어 보인다. 최근에 미국 대통령인 트럼프가 파리기후협약을 탈퇴해버린 것이 대표적인 사례라고 하겠다. 소수의 올바른 목소리를 낸 자들이 진정한 예언자로 성서에 남은 것처럼, 훗날 역사는 IPCC를 21세기의 예언자로 기록할지도 모른다. 물론 이러한 기록 또한 기후 변화의 위기 속에서 인간이 살아남았을 때나 가능하겠지만 말이다.

기후 변화 시대에 교회는 예언자가 될 수 있는가?

그렇다면 기후 변화의 시대에 교회의 역할은 무엇일까? IPCC와 같은 단체들이 충분히 예언자적 역할을 감당하고 있으니 교회는 뒷짐 지고 가만히 있으면 되는 것일까? 성서나 교회 역사를 살펴보면, 하느님의 백성들은 항상 위기의 시대들에서 하느님의 메신저인 예언자적 역할들을 감당해 왔다. 지구온난화를 위기의 시대라고 규정한다면 기후 위기의 시대에 교회는 마땅히 예언자로서의 사명을 수행해야 할 것이다. IPCC의 역할이 있을 것이고, 교회의 역할이 있을 것이다. 특별히 교회 공동체가 생명 구원을 사명으로 한다면 생명 절멸을 향해 폭주하는 기차를 멈춰 세우는 일을 가장 시급하고 가장 최우선적인 신앙 행위로 이해해야 한다.

그래서 이 글의 마지막 순서로, 기후 위기 시대에 예언자로서의 교회가 동참해야 하는 일들을 생각해보고자 한다. 필자는 크게 **경고, 회개, 준비, 참여, 희망**이라는 교회가 할 수 있는 다섯 가지 역할들을 제시하고자 한다. 그리고 그 역할들에 해당하는 성서 속에서 찾을 수 있는 모델들을 함께 이야기하겠다.

첫째, 교회는 지구온난화로 인한 기후의 위기를 '강력하게 경고'해야 한다. 이 경고의 목소리는 교인들을 향할 뿐 아니라 사회와 시민들을 향해야 한다. IPCC 등의 전문가 집단이 제공하는 기후 변화에 대한 과학적 분석 및 기후 위기에 대한 다층적 진단에 귀를 기울이고 그 메시지를 대중적 그리고 신앙적 언어로 바꾸는 일에 교회가 역할을 할 수 있다. 첫 번째 역할에 대한 성서적 모델은 예언자들과 예수 그리스도이다. 예언자들은 나라의 멸망할 징조를 읽고 강력한 경고의 메시지를 전했다. 예수 또한 하나님 나라의 임박한 임재라는 종말론적 메시지를 선포하였다. 성서의 묵시문학은 심판, 파괴 그리고 새로운 세상에 대한 비전을 기록하고 있다. 이처럼 하느님의 백성들은 시대의 위기 때마다 위기를 위기라고 분명히 선포하고 사람들에게 경각심을 불러일으키는 역할을 감당했다. 이러한 묵시적, 종말론적 메시지가 그 동안 교회 역사에서 이원론적 세대주의자들(예를 들어, 시한부 종말론자, 휴거주의자 등)에 의해 왜곡되어 사용되면서 전통적 교회, 진보적 교회 모두 성서의 묵시적, 종말론적 언어와 신앙을 잃어버린 측면이 있다. 하지만 기후 위기 시대라는 관점에서 본다면, 인류의 종말이 단순히 종교적 상징이 아니라 실제적 현실로 다가오고 있다. 인간도 생명체로서 생존을 우선시한다. 그래서 생존에 대한 위기의식이 행동을 낳는다. 사람들이 기후 변화에 있어서 행동하지 않는 이유는 이를 자기의 생존 문제로 여기지 않기 때문이다. IPCC 보고서를 근거로 하여 시간이 정말 촉박하다는 메시지를 교회 공동체는 대내외적으로 공유하고 선포해 나간다면 사람들의 행동을 바꾸어 낼 수 있다.

둘째, 교회는 기후 위기를 초래한 인간 문명, 교회 공동체 그리고 각 개인들이 철저한 회개를 하도록 요청해야 한다. 회개의 성서적 모델도 예언자와 예수 그리스도이다. 특별히 요나가 니느웨로 가서 회개의 메시지를 전한 것이 현재 교회가 감당해야 하는 역할과 상통한다. 앗시리아 제국의 수도 니느웨는 북이스라엘 사람 요나의 입장에서 볼 때 원수들이 사는 도시였다. 요나가 처음에 하느님의 명령을 거부하고 도망간 이유도 여기에 있다. 그러나 성서 기자는 요나서를 통해 회개 및 구원의 대상은 보편적이라는 메시지를 전한다. 니느웨처럼 오늘날 인간의 문명은 생명 세계에 있어서 원수와 같은 존재이다. 하지만, 기후 위기 시대를 살아가는 그리스도인들도 요나가 그러했듯이 세상을 향해 나아가서 그들이 뉘우치고 돌아올 수 있도록 독려해야 한다. 예수의 공생애 첫 일성은 "회개하라, 하느님 나라가 가까이 왔다"였다. 여기서 '회개하라'의 희랍어 원래 뜻은 '방향을 전환하다'이다. 예를 들어 화살을 쏘았는데 화살의 방향이 갑자기 정반대로 바뀌어 날아가는 것과 같은 모습이다. 그래서 회개는 전적인 변화를 말한다. 단순히 한 개인의 깨달음, 인식의 변화에 그치는 것이 아니다. 오늘날 용어로 바꾸면 패러다임 전환이라 하겠다. 개인의 신앙적 패러다임뿐 아니라 교회 공동체의 목회적 패러다임 그리고 사회 경제적 패러다임의 전환이 요구된다.

기후 위기를 벗어날 수 있는 시간이 10년밖에 남지 않았다. 모든 일에 있어서 최우선 순위를 어디에 두어야 할까? 현재 한국의 정치, 경제, 사회에 관련한 정책 순위만 보아도 기후 위기 문제는 우선순위에 있기는커녕 순위에서도 잘 보이지 않는다. 정책의 우선 순위를 바꾸는 일에도 그리스도인들이 먼저 나서야 한다. 성도들을 목회적으로 돌보고 복음을 통해 구원의 여정에 사람들을 인도하는 일이 교회가 해야 하는 가장 기본적인 임무이다. 하지만 미래 세대의 생존조차 보장이 안 되는 상황에서 목회자의 메시지와 교회 선교의 방향 또한 기후 위기 시대에 맞게 변화되고 재구성되어야 하겠다.

셋째, 교회는 기후 위기 시대를 극복하기 위해 교회 공동체를 포함하여 사회 전 분야들에게 '치밀한 준비'를 요구해야 한다. 여기서의 성서적 모델은 노아의 방주 이야기이다. 하느님께서는 노아로 하여금 홍수를 대비하고 새로운 세상을 열어갈 존재들을 위한 방주를 만들도록 한다. 성서에 따르면, 노아는 홍수가 시작되기 전 짧게는 70년부터 길게는 120년 동안 방주를 만들었다고 한다. 그만큼 홍수라는 대(大)위기를 치밀하고 철저하게 준비했다는 뜻으로 이해할 수 있다. 이러한 해석을 오늘날의 기후 위기 시대에 적용해본다면 과학, 경제, 정치, 시민 사회, 언론, 종교 등 모든 분야와 그에 속한 사람들이 전력을 다하여 이 위기를 극복할 길을 찾으려고 노력해야 한다. 그리고 그렇게 하는 데에 치밀한 계획과 각 분야들의 협업 과정이 필요로 한다. 왜냐하면, 기후 위기는 전(全)지구적 문제이고 모든 생명체에게 영향을 미치기 때문이다. 또 그만큼 복잡한 문제이고 각 분야들이 힘을 모아야 하는 거대한 문제이기 때문이다. 여기에 교회가 어떻게 역할을 감당할 수 있을까? 우선 대외적으로 교회가 할 수 있는 몫이 있다고 본다. 공적 교회로서 각 교단이나 개신교회협의체들이 기후 위기 시대의 체계적 준비에 대한 대사회적 메시지를 지속적으로 선언할 필요가 있다. 이 문제에 가톨릭과 연대하여 한목소리를 낸다면 더 큰 사회적 영향력을 끼칠 수 있을 것이다. 교회 내적으로 할 일은 더 많다. 각 분야의 전문가들이 교회 안에 성도로 존재한다는 사실을 잊지 말아야 한다. 하느님 나라를 향한 소명이 그들의 전문성과 연계될 때 사회 변혁은 일어날 수 있다. 기후 변화를 막으려면 반드시 경제 시스템이 바뀌어야 하고 정책이 바뀌어야 하며, 시민 사회적 운동이 필요하다. 교회가 주도하여 이 사회의 전문가들이자 시민들을 기후 위기를 준비하는 그리스도인들로 훈련시켜갈 때 아래로부터의 변혁이 가능할 수 있다.

이렇게 기후 위기 시대를 극복하는 일에 앞장서는 예수의 제자들을 길러내기 위해서는 교회는 기후 위기 시대를 반영하는 신학적 담론, 생태적 영성을 제공해야 한다. 이러한 과정을 통해 궁극적으로 교회가 기후 위기 사회를 위한 정신적, 윤리적 기반을 마련하는 일에 공헌하게 되기를 소망해 본다.

넷째, 교회는 기후 위기를 새로운 선교 현장으로 간주하고 이에 '적극적으로 참여'해야 한다. 이에 대한 성서적 모델은 초대교회 선교이다. 기후 위기 시대에서 "땅 끝까지 복음을 전하라"는 선교적 명령은 지구촌 곳곳까지 기후 위기의 현실을 알리고 생명 구원과 생명 충만을 요구하시는 하느님 나라의 메시지를 전하고 실천해야 하는 것으로 이해될 수 있다. 한편으로, '땅 끝'은 복음의 지리적 확장만이 아니라 복음의 대상적 확장으로도 생각될 필요가 있다. 과거에는 복음의 대상이 인간에게만 초점을 맞추어 왔다면, 기후 위기로 인한 생명 다양성 파괴 및 생명 멸절로 이어지는 상황 속에서 인간 아닌 생명체 또한 하느님 나라 복음의 영역 안에 들어와 있다는 하느님 나라 선교에 대한 새로운 적용이 필요하다. 이를 필자는 기후 변화 전도 및 선교라고 불러본다. 그런데 이 선교적 행위에는 선포적 행위뿐 아니라 교회의 환경 윤리적 행위 및 정치적 행동 또한 포함되어 있다. 온난화를 막기 위한 개체 교회 공동체 내의 작은 행위들도 중요하다. 예를 들어 환경선교에 눈을 뜬 교회들은 식사 교제 후 잔반 줄이기, 일회용 컵 쓰지 않기 등의 실천을 하고 있다. 별거 아닌 것 같지만 작은 움직임이 모이면 큰 변화를 이끌어낼 수 있는 것이다. 최근에 일어나고 있는 태양열 전지를 교회 옥상과 같은 유휴공간에 설치하는 운동도 에너지 전환이 지구온난화를 막기 위한 핵심과제인 점에서 볼 때 주목해야 하는 실질적 실천이라고 생각한다. 더불어 교회가 기후 위기 시대를 막기 위한 정치적 행동들을 할 수도 있다. 물론, 교회공동체가 정치집단으로 변모하는 위

험성을 경계해야 하겠다. 그럼에도 시민사회의 일원으로서 그리스
도인들은 기후 변화를 위기로 인지하고 이를 극복할 구체적인 정책
을 제시하는 정치인들과 정당들을 지지하고 선출할 수 있다. 기후
위기 문제 앞에서 기독교 정신을 가지고 시민사회 운동을 하는
NGO 단체들이 서로 연대하고 더 나아가 일반 시민 단체들과도 협
력하여 정부를 감시하고 정책 입안자와 정책 결정권자들에게 정의
로운 압력을 행사할 수 있다.

　다섯째, 교회는 기후 위기라는 절망적 현실 속에서도 '희망의 메
시지를 선포'해야 한다. 여기서 강조해야 하는 성서적 모델은 노아,
예언자들 그리고 예수의 종말론적 하느님 나라이다. 홍수 심판 이
후에 하느님은 새로운 창조의 비전을 노아에게 보여주시고 새 창조
의 역사에 동참할 임무를 맡기신다. 자신의 나라가 멸망하고 자기
민족이 포로로 끌려가 노예처럼 살고 있는 절망적 상황 속에서도
성서의 예언자들은 하느님의 구원에 대한 확고한 믿음을 선포했다.
예수의 하느님 나라 운동도 결론은 하느님 안에서 누구나 행복하고
평등하고 정의로운 새 하늘과 새 땅의 비전으로 이어진다. 객관적
으로 보면 기후 위기를 막을 수 있는 시간은 십여 년밖에 남지 않았
다. 더구나 기후 위기를 초래한 인간의 거대한 시스템을 이 짧은 시
간에 바꾸어낸다는 것이 요원해 보인다. 이러한 현실 앞에서 절망
감과 열패감도 느끼게 된다. 필자도 학교에서 학생들과 기후 위기
문제를 나누게 되면, 학생들 중 일부는 '이제 어쩔 수 없는 거 아니
냐'며 자포자기의 심정으로 토로한다. 그리스도인들은 이러한 맥락

에서 하나의 신앙적 오류에 빠질 수도 있다. 상당수의 그리스도인들의 마음 가운데에는 "세상에는 어차피 종말이 오지 않아?", "죽으면 천국 가는 건데 지구온난화로 생명들이 죽는 것이 무엇이 문제야?"라는 생각이 자리 잡고 있을 것 같다. 그러나 이는 성서의 종말론적 구원 메시지에 대한 잘못된 이해에서 비롯된 것이다. 성서를 살펴보면 성서 속의 기자들과 신앙 공동체들은 역사 속에서 극단적 고난과 위기 속에서도 항상 구원과 회복이라는 희망을 노래해 왔다. 2차 세계대전과 아우슈비츠의 비극 이후에도 기독교 신학은 고통받는 자들과 함께하시는 하느님으로 세상을 위로하고 십자가의 죽음에서 부활의 역사를 만드시는 하느님으로 세상에 희망을 선포했다. 지금의 교회와 신학이 할 일도 이와 크게 다르지 않을 것이다. 교회는 기후 위기 시대에 대한 강력한 경고와 철저한 회개를 요구하지만, 동시에 희망과 새로운 세상에 대한 큰 비전을 제시하여 기후 위기 시대 극복을 향해가는 동력을 만들어 갈 수 있다.

나가는 말

이렇게 보니 교회가 해야 할 일 그리고 할 수 있는 일이 참 많다. 이를 통해 왜 마지막 소제목이 "기후 변화 시대에 교회는 예언자가 될 수 있는가?"라고 붙여졌는지 이해가 되었을 것이다. 그렇다면 이 질문에 대해 어떻게 응답해야 하는가? 생명 세계의 멸절이라는 새로운 종말론적 상황이 다가오는 기후 위기 시대에 교회의 선택지는 많지 않아 보인다. 인간의 욕심과 탐욕으로 문명 때문에 생명 세계가 울부짖는 소리를 하느님께서 먼저 듣고 계실 것이다. 이집트에서 노예로 고통 받던 구약 시대 히브리인들의 울부짖을 들으신 것처럼 말이다. 하느님의 백성들을 고통으로부터 해방시키기 위해 하느님은 노아, 모세, 예언자들, 예수님, 사도들을 택하여 보내셨다. 이 기후 위기 시대에 하느님께서는 당신의 사랑하는 피조물들을 울부짖음과 고통으로부터 해방시키고자 선택하고 보낼 자들을 찾고 계신다. 신앙의 눈으로 볼 때 IPCC는 이미 선택되어 시대의 예언자로서 활동하고 있는 것처럼 보인다. 이제 한국교회의 차례이다. 우리 그리스도인들의 차례이다. 함께 응답하여 기후 위기 시대의 예언자가 되자!

기후 위기 시대, 기독교 시민교육

이은경*

지구의 건강이 위험하다

'지구 건강'(Planetary Health)이라는 말은 2015년 록펠러재단
과 의학잡지 랜싯(Lancet) 공동위원회가 함께 제안한 개념으로,
"인간 문명의 건강과 자연 시스템의 상태는 서로 의존적"이라는 말
이다. 이 개념에 따르면, 환경이 변하고 생태계의 손상이 일어나면
결과적으로 인간의 건강도 영향을 받는다는 것이다.

예를 들면, 대기 중에 이산화탄소의 농도가 증가하면서 농작물
의 아연 성분이 늘어났고, 이것이 우리의 건강에 영향을 미치고 있
다. 아연은 우리 몸의 세포를 구성하고 생리적인 기능을 다루는 대
표적인 무기물 중 하나로, 특히 성장기 아동의 원활한 신체 발육을

---

* 감리교신학대학교 연구교수

돕는 것으로 알려져 있다. 또한 성장호르몬 분비를 촉진해서 키 성장에도 중요한 역할을 하며, 면역력 강화에도 효과적이다. 그래서 임신한 여성의 경우 아연이 부족하면 기형아나 저체중아를 낳을 수도 있다. 이처럼 아연이 부족해도 성장발육에 문제가 생기지만, 반대로 아연을 너무 많이 섭취해도 미네랄 불균형이 생긴다. 당뇨 환자들의 경우에는 각별한 주의가 필요하며, 일반적으로도 아연을 너무 많이 섭취하면 열, 기침, 위장장애, 피로, 오심, 구토 등의 부작용이 생긴다고 한다.

지구 건강에 이상이 생겼다는 또 다른 증후로는 2000년대 중반 이후 벌 개체 수의 급격한 감소를 들 수 있다. 주로 집약적 농업, 과도한 살충제 사용, 대기오염, 기후 변화 등의 환경적 요인과 지구온난화로 인한 꽃의 개화 시기 변화 등이 그 원인으로 꼽히고 있다. 벌은 식량 생산과 생태계 유지에 필수적인 꽃가루 수분의 매개체이다. 벌이 있었기에 생물 다양성과 활기찬 자연생태계를 유지할 수 있었다. 그런데 벌이 사라진다면 우리가 먹을 수 있는 곡물과 과일의 양은 현저히 줄어들게 된다. 커피, 사과, 아몬드, 토마토, 코코아와 같이 수분에 의존하는 수많은 작물이 멸종하게 될 것이다. 이러한 현상이 지속되면 인간에게는 비타민 A 결핍증상이 나타나게 된다.

또한 불볕더위가 계속되면 심장 질환, 고혈압, 호흡기질환 등으로 인한 사망이 증가하고, 가뭄이 심해져도 심장 질환으로 입원하는 사람들이 늘어난다. 세계보건기구(WHO)가 2009년에 발표한 〈기후 변화와 건강〉이라는 보고서에 따르면, 기후 변화로 인한 사망자는 세계적으로 연간 16만 명에 이르며, 해마다 증가하는 추세이다.

인류세 — 인간이 기후 변화의 주범이 되다

이렇게 인류가 지구상에 살기 시작한 이후로 인류는 계속해서 지구의 환경에 조금씩 상처를 내고, 그 영향으로 인류 문명에도 적신호가 켜졌다. 다행히도 지구는 오랫동안 지켜온 스스로의 자정 능력을 통해 원래의 모습을 회복하면서 균형을 유지해 왔다. 그러나 세계 각국의 GDP가 급격히 증가하고, 기술의 발전이 기하급수적으로 일어나면서 최근 100~200년 사이에 지구는 심한 몸살을 앓고 있다. 기후와 환경이 너무 급격히 바뀌는 탓에 지구의 자정능력이 그 변화 속도를 따라가지 못하고 있기 때문이다. 지구 스스로 균형을 유지할 수 없는 지경에 이르렀다는 말이며, 이 일의 가장 큰 원인은 바로 인간이다.

일반적으로는 현재 우리가 사는 시대를 '신생대 제4기 충적세' 혹은 '홀로세'라 부른다. 그러나 또 다른 누군가는 지금을 '인류세'라 부르면서, 인류세는 1945년 7월 16일부터 시작되었다고 그 정확한 시작을 말하기도 한다. 그렇다면 대체 1945년 7월 16일에 지구에서는 무슨 일이 있었던 것일까?

그날 오전 5시 29분, 미국 뉴멕시코주 알라모고르도 인근 사막에서 인류 최초의 핵실험이 진행되었다. 그리고 1달 후인 8월 6일,

일본 히로시마에 원자폭탄이 투하되었다. 이 일은 인류 재앙의 시작이었고, 그때의 핵반응, 핵폭발 등으로 이제까지 자연에는 존재하지 않았던 새로운 원소들이 발견되었다. 이렇게 인간의 활동이 지구에 그 흔적을 남기고, 지구의 지질 시대에 영향을 미치기 시작하면서 오늘날 시대를 '인류세'(Anthropocene)라 부르게 되었다.

인류세는 1995년 노벨화학상을 받은 네덜란드의 화학자 파울 크뤼천(Paul Crutzen)이 2000년에 처음 제안한 용어로, 이제까지 안정적으로 유지되어 오던 지구 환경이 인류의 무분별한 개발과 훼손으로 인해 회복 불가능할 정도로 파괴되고 있으며, 이로 인해 이상기후, 지구온난화 등의 기후 변화가 일어나는 시대를 지칭한다. 물론 매일의 '날씨'가 변하는 것은 지극히 당연한 일이다. 그 덕분에 지구는 지금과 같은 모습을 갖게 되었고, 인류가 생존할 수 있는 최적의 환경이 만들어졌기 때문이다. 그러나 오늘날에는 긴 시간 동안의 평균적인 날씨를 뜻하는 '기후'가 변하고 있고, 이것은 전혀 당연한 일이 아니다. 기후는 조금만 변해도 사회적으로, 전 지구적으로 엄청난 영향력을 발휘하기 때문이다.

그러나 그 변화의 속도가 느리고 단시간에 파악하기 쉽지 않아서 그동안 우리는 그 영향을 과소평가해 왔으며, 심지어 지금도 기후 변화는 가짜라고 우기는 이들도 있다. 그래서 성공회대학교의 조효제 교수는 현재의 기후 변화가 얼마나 심각한 상황인지 현대인들이 제대로 인식하려면, 먼저 기후 변화와 관련해서 이제까지 우리가 사용해왔던 용어들부터 다시 정의해야 한다고 이야기한다. 산업혁명 이후 석유, 석탄 등의 화석연료를 많이 사용하면서 배출한 온실가스의 영향으로 1970년대 이후 지구의 평균 기온이 끊임없이 올라가고 있다. 이러한 현상을 '지구온난화'(global warming)라 불러왔다. 그러나 조효제는 앞으로 이러한 현상을 '지구고온화'(global heating)라 불러야 한다고 말한다. 이미 지구의 기온이 평균을 훌쩍 뛰어넘어 치솟고 있기 때문이다. 그래서 지금 우리의 상황은 단순한 기후 변화(climate change)의 시대가 아니라, '기후 비상사태'(climate emergency) 혹은 '기후 위기'(climate crisis), '기후 붕괴'(climate breakdown) 상태라는 말이다.

스톡홀름 선언(1972) – 환경과 인간에 관해 국제 사회가 논의하기 시작하다

지구가 겪고 있는 이러한 급격한 기후 변화에 대해 인류가 비로소 경각심을 갖기 시작한 것은 1972년부터이다. 1972년 6월 5일부터 16일까지 스웨덴의 스톡홀름에서 "하나뿐인 지구"(Only one Earth)라는 주제로 처음으로 '인간환경회의'가 개최되었다. 이 회의는 1968년 제4회 유엔경제사회이사회에서 스웨덴 정부가 제창하고, 이후 유엔총회의 결의를 거쳐 개최된 것으로 113개 국가와 13개 국제기구에서 약 1,200여 명의 대표가 참석했다. 그리고 이 회의 마지막 날에 '인간환경선언'(Declaration of the United Nations Conferen ce on the Human Environment)이 채택되었다.

'스톡홀름 선언'이라고도 불리는 이 선언은 전문과 총 23개의 원칙으로 구성되어 있으며, 첫 번째 원칙은 "인간은 품위 있고 행복한 생활을 가능하게 하는 환경 속에서 자유, 평등과 적당한 수준의 생활 보건을 향유할 기본적 권리를 가지며, 현 세대 및 다음 세대를 위해 환경을 보호, 개선할 엄숙한 책임을 진다"고 명시되어 있다. 스톡홀름 선언은 지나치게 인간중심적이라는 비판이 있기는 하지만, 전 지구적 환경 문제에 효과적으로 대처하고, 환경이 우리 인간에게 왜 중요한지를 처음으로 명시했다는 점에서 매우 의미 있는 선언이다. 이 선언은 자연에 대한 인간의 인식을 근본적으로 바꾸는 계기가 되었다. 그리고 이듬해인 1973년에 환경 관계 국제기구인 '유엔 환경계획'(UNEP, UN Environment Programme)이 창설되었으며, 그때부터 스톡홀름 회의 개막일이었던 6월 5일을 '세계 환경의 날'로 지정하여 기념하고 있다. 우리나라는 1993년부터 민간환경단체 주도로 이날을 지켜오고 있었으며, 1996년에 '환경의 날'을 법정기념일로 제정하였다. 1972년에 인류가 처음으로 기후 변화의 심각성을 인식하고, 전 지구적 차원의 논의를 시작하기는 했지만, 그동안 그다지 달라진 것은 없다. 오히려 기후 변화는 점점 더 가속화되고 있고, 이제는 지구 곳곳에서 그로 인한 피해가 속속 드러나고 있으며, 그 규모는 거의 재난 수준이다. 그뿐만 아니라, 이제 기후 변화는 세계 곳곳에서 폭동과 내전으로 이어지고 있으며, 이로 인해 소위 '기후 난민', '환경 난민'들이 발생하고 있다.

종족 갈등을 부추기는 기후 위기

전 지구적으로 발생하고 있는 기후 위기는 개별 국가 안에서 또는 국가 간에 전쟁으로까지 이어지고 있다. 특히 2003년에 일어난 수단의 다르푸르 사태는 최초의 '기후 전쟁'으로 불린다.

수단의 남부지역에는 주로 아프리카계 흑인들이 농사를 지으며 살고 있었고, 북부 지역은 아랍계 무슬림이 유목생활을 해오고 있었다. 수단 북서부의 고원지대에 위치한 다르푸르 지역은 비옥한 토양 덕에 곡식과 과일을 집약적으로 재배하던 곳이다. 그러나 지구고온화로 인해 강수량이 40% 이상 감소하고, 극심한 가뭄이 닥치면서 점점 사막화되어 갔다. 그로 인해 북부의 아랍계 유목민들이 남부 아프리카계 농부들의 농지를 침범하기 시작하면서 갈등이 시작되었다. 결국에는 아랍계 잔자위드 민병대가 남부의 아프리카계 토착민을 상대로 무차별 살상을 벌이면서 21세기 최악의 '인종청소'가 자행되었다.

얼핏 보기에 다르푸르 사태는 이슬람인 아랍계와 기독교인 아프리카계의 종족 갈등, 종교 갈등으로 보이지만, 실제로는 기후고온화로 인해 가뭄과 사막화가 심해지고, 그로 인해 식량 생산량이 감소하면서 갈등의 원인을 제공한 것이다. 다르푸르 사태로 인해 30만 명 이상이 죽고, 250만 명 이상의 난민이 발생했다. 결국 2011년 7월 9일, 남부의 아프리카계 주민들이 수단에서 분리하여 '남수단공화국'으로 독립하였다.

이밖에도 기후 변화로 인해 발행한 종족 갈등으로는 2002년부터 본격화된 '소말리아 내전', 2011년부터 현재까지 여전히 진행 중인 '시리아 내전' 등을 꼽을 수 있다. 소말리아나 시리아 모두 극심한 가뭄으로 인해 식량 생산이 줄어들면서 내전이 더욱 심해졌다.

최초의 기후 난민 국가 ─ 투발루

'국제난민감시센터'(IDMC, Internal Displacement Monitoring Centre)의 조사에 따르면, 2015년에 기후 위기로 인한 난민의 수가 분쟁으로 인한 난민의 수보다 약 2배 이상인 것으로 드러났다. 분쟁 난민은 약 860만 명인데 반해, 기후 난민의 수는 1천 920만 명에 달하기 때문이다([그림 1] 참조).

[그림 1] 2015년도 기후난민 현황(출처: 국제난민감시센터)

[그림 2]를 보면, 2000년대에 들어서면서 특히 저개발국가에서 분쟁(★표 지역)이 크게 증가했음을 알 수 있다. 분쟁의 원인으로는 식수 오염, 식량 생산 감소, 사이클론, 태풍, 홍수 그리고 해수면 상승 등의 기후 변화가 주요 원인으로 작용했다.

지구고온화로 인해 해수면이 상승하면서 물에 잠길 위기에 처한 태평양 도서 국가의 주민들이 대표적인 기후 난민이다. 뉴질랜드에서 최초의 '기후 난민'으로 받아들여지기를 바랐던 키리바시(Republic of Kiribati) 출신의 이오아네 데이티오타(Ioane Teitiota)는 난민 신분을 인정하지 않으려는 뉴질랜드 정부의 끈질긴(?) 노력으로 2016년에 결국 자신의 나라로 송환되었다.[1]

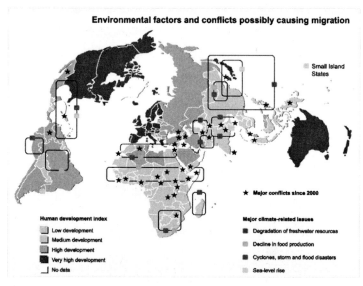

[그림 2] 기후 변화와 갈등으로 인한 난민. https://www.eea.europa.eu/data-and-maps/figures/environmental-factors-and-conflicts-possibly.

데이티오타의 고향 키리바시는 제주도보다 작은 섬이다. 그곳에 약 10만 명의 주민이 살고 있으며, 1999년에 이미 2개의 섬이 물속으로 사라졌다. 이후 2014년부터 키리바시 정부는 이웃 섬나라 피지에 2,428만㎡ 정도의 땅을 매입하여 수도 이전을 진행하고 있다. 이러한 상황을 누구보다 잘 알고 있는 피지의 대통령은 키리바시가 물에 잠길 경우, 키리바시 국민 모두를 피지에 수용하겠다고 밝혔다. 그러나 피지 역시 지구고온화로 인해 해수면이 상승하면서 키리바시와 같이 수몰될 처지에 놓여 있다.

9개의 섬으로 이루어진 남태평양의 투발루(Tuvalu) 역시 이미 2개의 섬이 바다에 잠겼고, 수도 푸나푸티는 이미 침수된 상태이다. 전 국민이 약 1만 명에 불과한 투발루는 해발고도가 5m에 불과한 산호섬으로, 최근 기후고온화로 인해 해마다 5mm씩 해수면이 상승하면서 2040년이면 전 국토가 바다에 잠길 위기에 처한 기후 난민국이다. 투발루 정부는 이미 2001년에 국토 포기 선언을 하기에 이르렀고, 호주, 피지제도, 뉴질랜드 등의 이웃 나라에게 자국민을 받아줄 것을 호소했다. 그러나 뉴질랜드를 제외한 모든 나라에서 투발루인의 이주를 거부했다. 오직 뉴질랜드 정부에서만 2002년부터 1년에 최대 75명의 투발루인 이주를 허용하고 있지만, 이것은 투발루 모든 주민에게 해당하는 것은 아니다. 뉴질랜드로 이주하기 위해서는 우선 신체가 건강해야 해고, 영어를 잘해야 할 뿐만 아니

1) 비자이 프라샤드, 『아스팔트를 뚫고 피어난 꽃: 자본주의 시대 기후 변화에 대한 단상』 (성남: 두번째테제, 2018), 28.

라, 뉴질랜드에 직장이 있는 45세 미만이어야 하기 때문이다.

2009년 우리나라 송도에서 열린 '2009 세계도시물포럼'에 참석한 투발루의 아피사이 이엘레미아 총리는 "인구 11,000명의 소국인 투발루 국토는 이제 수면 위 1m 높이밖에 유지하지 못할 정도로 절체절명의 위기에 처해 있으며, 강력한 태풍이 불면 바닷물이 도시 안쪽까지 밀려들 정도로 침수 피해가 상당히 심각해 2040년 수몰 위기에 처했다"고 하면서 지구고온화의 심각성을 알렸다. 또한 이엘레미아 총리는 "토양에 남은 염분이 농작물 성장을 방해하면서 식량난이라는 2차 문제까지 일으키고 있다"고도 전했다.[2]

1990년에 이미 해수면 상승으로 인한 위기를 인식한 아프리카, 인도양, 남중국해, 지중해, 카리브해, 태평양 등에 위치한 52개의 도서 국가들이 모여 '군소도서개발국'(SIDS, Small Island Developing States)을 결성했다. 이를 통해 제한된 자원, 기후 변화에 취약한 환경, 높은 국제무역 의존도 등 그들이 공통적으로 가진 문제를 해결하고자 노력하고 있다. 우리나라는 인도적 차원에서 투발루를 지원하기 위해 2017년부터 해안방재사업 타당성 조사를 실시하였으며, 이후 해안 제방시설 건설을 위한 기반을 마련할 계획이라고 한다. 그나마 다행스러운 일이 아닐 수 없다.

이처럼 전 지구적 기후 위기는 종족 간의 갈등을 부추기고, 기후난민을 만들어내고 있을 뿐 아니라, 멀리 떨어진 다른 지역, 다른

---

2) 매일경제 2009년 8월 18일자,

  (https://www.mk.co.kr/news/world/view/2009/08/438376).

나라에까지 영향을 미치고 있다. 마치 나비효과처럼 말이다.

2010년 러시아의 불볕더위와 아랍의 봄

　2010년 5월부터 7월은 러시아에서 '천년 역사상 최악의 여름'으로 불린다. 원래 러시아의 수도 모스크바의 여름 평균 기온은 22℃ 안팎이다([그림 3] 참조). 그런데 2010년 모스크바의 최고 기온이 38.2℃까지 치솟았다([그림 4] 참조). 그해 러시아에서는 이 불볕더위로 인해 약 55,000여 명이 사망했고, 폭염 이후 이어진 가뭄으로 모스크바 근처에서는 대형 산불이 발생하기도 했다. 그리고 16개 지역에서 국가 비상사태가 선포되었다.

[그림 3] 러시아의 지역별 7월 평균 기온, https://blog.naver.com/kminha/221383414920.

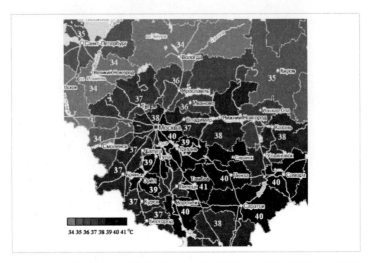

[그림 4] 2010년 7월 러시아 동부의 기온을 표시한 것(CCL에 따라 복사 허용, 저자 표시. 저자 Texmon, Sergius. CC-BY-SA-3.0.)

이 유례없는 불볕더위로 인해 밀 생산량이 떨어지자, 그해 8월 러시아의 푸틴 총리는 밀 수출 중단을 선언했다. 그리고 그것은 밀을 주식으로 하는 중동에 엄청난 영향을 미치게 되었다. 그중에서 이집트는 연간 630만 톤의 밀을 수입하는 세계 최대의 밀 수입국인데, 밀 수입량의 60%를 러시아에 의존하고 있었다. 그러나 2010년 러시아의 밀 수출금지로 인해 국제 밀 가격이 오르자, 이집트의 빵 가격도 따라서 치솟기 시작했다. 결국 빵을 구하지 못한 시민들은 거리로 나와 "빵을 달라"며 반정부 시위를 시작했고, 30년간 이집트를 통치해온 무바라크 대통령이 결국에는 자리에서 내려오게 되었다. 이집트 등에서 일어난 아랍의 봄은 독재자의 장기 집권과 경제적 어려움이 근본적 원인이지만, 기후 변화로 인한 식량 문제가 아랍의 봄을 촉발하는 방아쇠 역할을 한 셈이다.

생선 초밥을 먹을수록 아프리카의 지하수가 마른다

이렇게 기후 변화는 나비효과처럼, 뜻하지 않은 곳에 영향을 미치게 된다. 왜냐하면 지구 환경과 생태계는 서로 연결되어 있기 때문이다. 요즘은 일본 사람들뿐만 아니라, 우리나라를 비롯한 여러 많은 나라 사람들이 생선 초밥을 좋아한다. 그런데 일본 사람들이 생선 초밥을 많이 먹을수록 아프리카의 지하수가 마른다고 한다. 이게 대체 무슨 일일까? 중등학교에서 과학을 가르치는 김추령은 『오늘의 지구를 말씀드리겠습니다』라는 책에서 일본 사람들이 생선 초밥을 먹는 것과 아프리카 마을의 지하수가 마르는 것의 관련성을 설명하고 있다.

김추령에 따르면, 일본 어부들이 현대식 첨단장비로 초밥에 사용할 물고기를 잡기 시작하자, 아프리카 모리타니 해안 지역의 가난한 어부들은 어업을 포기할 수밖에 없었고, 대신 농사를 짓기 시작했다. 일본 어부들의 첨단장비를 도저히 따라갈 수가 없었기 때문이다. 이후 물고기를 잡지 않으면서 체내 단백질이 부족하게 되었고, 이것을 보충하기 위해 아프리카 사람들은 가축을 더 많이 키워야만 했다. 그리고 가축을 키우기 위해서는 더 많은 물이 필요했다. 농사를 짓고, 더 많은 가축을 키우면서 점점 더 많은 지하수를 끌어다 쓰게 되었다. 이런 이유로 아프리카의 지하수가 말라가고 있다는 것이다.3) 결국에는 1세계 사람들이 생선 초밥을 많이 먹으면 먹을수록, 아프리카의 지하수는 점점 더 마르게 되고, 나중에는 마실 물마저 부족해질 것이다.

재난은 결코 평등하지 않다

이렇게 지구고온화로 인한 기후 변화, 아니 기후 위기는 인류의 생존을 위협하는 수준에까지 다다랐다. 더욱 심각한 것은 그로 인한 피해가 전 지구적으로 동일하게 일어나지 않는다는 사실이다. 기후 위기의 주범은 주로 북반구에 위치한 1세계 국가들인데, 그로 인해 발생한 자연재해의 피해는 남반구의 제3세계 국가들과 태평양과 인도양에 위치한 섬나라들이 고스란히 떠안고 있기 때문이다. 이렇게 저위도에 위치한 나라들의 피해가 큰 것은 가난 때문이기도 하지만, 지리적 환경 탓이기도 하다. 저위도에 자리한 나라들은 고위도에 비해 계절과 날씨의 변화가 크지 않아서 기후 변화가 훨씬 더 빨리 드러나기 때문이다.

또한 같은 나라 안에서도 지역과 계층에 따라 그 피해 정도는 상당히 다르다. 기후 변화는 모든 사람이 똑같이 경험하지만, 피해는 차별적으로 발생하기 때문이다. 우리나라의 경우에도 쪽방 주

---

3) 김추령, 『오늘의 지구를 말씀드리겠습니다』 (서울: 양철북, 2012), 178-179.

민, 지하주택과 옥상주택 거주자, 고시원 등의 원룸 거주자 등 열악한 주거환경에서 살고 있는 이들이 더 큰 피해를 보고, 야외에서 작업하는 건설 노동자, 청소 노동자, 주차관리인 등은 이러한 피해에 더 직접적으로 노출되어 있다. 계층적으로도 이주노동자, 저소득층, 홀몸노인 등이 폭염이나 혹한, 태풍 등의 재난이 닥칠 경우, 대피가 쉽지 않다. 허리케인 카트리나로 인해 발생한 뉴올리언스의 피해는 자연재해가 얼마나 불평등하고 성차별적이며, 인종적, 계층적인지를 적나라하게 보여주는 사례 중 하나다.

가장 인종적, 계층적이고 성차별적인 재난, 허리케인 카트리나

2005년 8월 말 미국의 남동부에 있는 뉴올리언스를 강타한 허리케인 카트리나는 기후 변화로 인해 발생한 엄청난 규모의 초대형 폭풍이었다. 상상을 초월하는 커다란 피해를 남긴 카트리나, 그러나 이런 엄청난 피해를 보게 된 진짜 원인은 따로 있었다.

뉴올리언스의 재난은 미시시피강과 폰차트레인호의 제방시설이 시속 225km에 달하는 카트리나의 강한 비바람을 이겨내지 못하고 무너지면서 일어났다. 카트리나 상륙을 대비해 뉴올리언스 전체에 대피 명령이 내려졌지만, 저지대 빈민가에 사는 흑인들은 정보를 접할 수 있는 TV나 라디오 등의 수단이 없었다. 설령 이 사실을 미리 알았다 하더라도 대피 수단인 자동차가 없거나 떠날 만한 형편이 되지 않아서 남아있는 사람들도 많았다. 그래서 '허리케인 카트리나'로 인해 피해를 본 사람들은 대부분 저지대에 살고 있는 아프리카계 주민들이었다.

이후 뉴올리언스의 제방 관리 전문가 알프레드 나오미는 "올해 강력한 허리케인이 발생할 것이라는 예보가 나온 상황에서 관련 예산이 7천 1백만 달러나 삭감되는 바람에 둑을 보수하는 공사를 하지 못했다"고 밝혔다.4) 이것은 카트리나로 인한 피해가 전적으로 인재라는 사실을 보여준다. 그리고 카트리나로 인한 피해는 허리케인이 지나간 이후에도 계속되었다. 거리에서 천막생활을 하는 여성의 숫자가 늘어났을 뿐 아니라, 그중에는 아프리카계 시민, 특히 아이를 돌보는 흑인 여성이 많았다. 일상적인 삶이 무너진 가정 안에서 여성에 대한 폭력도 증가했다. 갑자기 실업자가 된 남편의 폭력 때문에 보호시설로 대피해온 여성들이 증가했던 것이다. 그래서 허리케인 카트리나는 21세기 미국에서 발생한 재난 중에서도 가장 인종적, 계층적 그리고 성차별적인 재난으로 꼽히고 있다.

---

4) 「한국경제」, 2005년 9월 2일자,
   https://news.naver.com/main/read.nhn?mode=LSD&mid=sec&sid1=104
   &oid=015&aid=0000831750.

세계에서 이산화탄소를 제일 많이 배출하는 곳, 서울

그렇다면, 어떻게 하면 이런 기후 변화 그리고 그로 인한 피해를 막을 수 있을까? 아니 최소한 늦출 수 있을까? 우선 가장 먼저 해야 할 일은 지구고온화의 주범인 이산화탄소 배출량을 줄이는 것이다.

이산화탄소로 인한 지구의 온도 상승을 막기 위해 앞으로 지구의 온도가 1.5℃ 이상 올라가지 않도록 하자며, 2015년 파리에서 '1.5℃ 특별보고서'가 채택되었다. 그러나 이것만으로 기후 변화를 멈출 수 있을까? 1997년에 '교토의정서'를 채택한 이후에도 강대국들은 자국의 이익에 따라 탈퇴한 국가가 많았으며, 교토의정서 이후 '파리협정'을 맺기까지는 무려 18년이나 걸렸다. 그러나 '파리협정'을 체결한 지 얼마 되지도 않아 미국의 트럼프 정부는 이미 탈퇴를 선언했고, 아직 탈퇴하지는 않았지만, 약속을 제대로 이행하지 않는 국가들도 상당히 많다. 우리나라 대한민국도 그중 하나다.

지난해(2018년) 1인당 이산화탄소(CO_2) 배출량 순위에서 우리나라는 사우디아라비아, 미국, 캐나다에 이어 4위를 차지했다. 1인당 이산화탄소 배출량의 세계 평균은 4.8톤인데, 우리나라는 12.4톤으로 평균보다 약 2.5배를 넘는 수치다[그림 5] 참조). 연간 이산화탄소 배출 총량에서도 중국, 미국, 유럽연합, 인도 등에 이어 7위에 이름을 올렸다. 2008년에 9위였던 우리나라는 10년 만에 7위로 올라섰으며, 우리나라의 수도 서울은 세계에서 이산화탄소를 가장 많이 배출하는 도시이기도 하다.

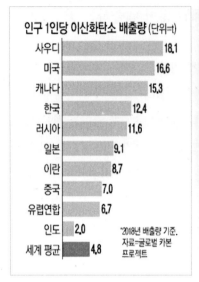

[그림 5] 인구 1인당 이산화탄소 배출량
http://m.mk.co.kr/news/it/2019/757523#m
kmain.

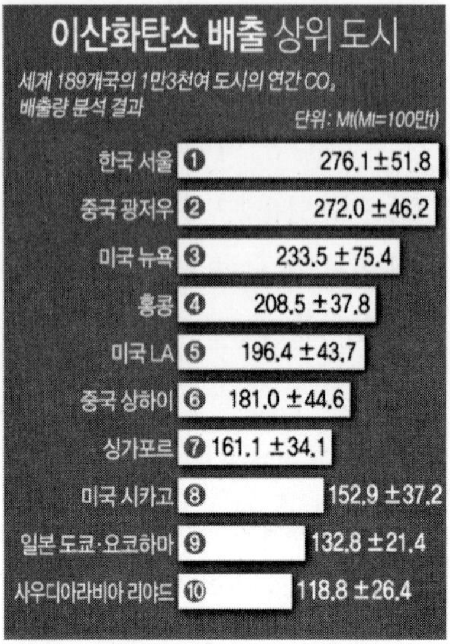

[그림 6] 이산화탄소 배출 상위 도시.
http://blog.daum.net/nohyd/974

　　노르웨이 과학기술대(NTNU)의 대니얼 모런 박사와 동료들이
2018년 6월 10일, 세계 189개국의 약 13,000여 개 도시의 연간 이
산화탄소 배출량(carbon footprint)을 분석했다.[5] 그 결과 상위 100
개 도시에서 배출하는 이산화탄소의 양이 전체 배출량의 약 20%를
차지하는 것으로 나타났다. 그중에서 이산화탄소 최대 배출 도시는
광저우와 뉴욕을 제치고, 서울이 차지했다([그림 6] 참조). 심지어
전 세계에서 이산화탄소를 가장 많이 배출하는 상위 500개 도시 중

---

5) http://citycarbonfootprints.info

에는 우리나라의 부산(50위), 대구(115위), 대전(126위), 광주(132위), 울산(155위) 등 무려 12개 도시가 포함되어 있다.

이러한 결과를 증명하듯 2018년에 통계청에서 발표한 〈기후 변화에 따른 주요 농작물 주산지 이동 현황〉에 따르면, 우리나라의 연평균 기온은 온실가스의 증가로 인해 지속적으로 상승할 전망이며, 이러한 기온상승으로 인해 주요 농작물의 주산지가 남부지방에서 충북, 강원 지역 등으로 옮겨질 것으로 예상된다[그림 7] 참조).

한 마디로, 21세기 후반에는 우리나라 대부분 지역이 아열대기후로 바뀌게 될 것이라는 말이다. 우리나라 토종 작물의 재배지가 바뀔 것이고, 생산량과 품질도 바뀔 것이다. 우리나라를 대표하는

[그림 7] 주요 농작물 주산지 이동 지도

과일인 사과, 배, 복숭아, 포도 등의 생산량은 점차 줄어들 것이고, 단감과 감귤의 재배지는 계속해서 늘어날 것이다. 청소년을 위한 과학책 『지구온난화, 어떻게 해결할까』에서 이충환은 이대로 계속 가게 되면, 언젠가는 서울의 남산에서 소나무 대신 귤나무를 보게 될 날도 멀지 않았다고 말한다. 그렇게 되면, 애국가의 가사도 '남산 위에 저 소나무 철갑을 두른 듯'이 아니라, '남산 위에 저 귤나무 과즙을 품은 듯'으로 바뀌어야 할지도 모른다.

기후 위기 시대를 건너는 기독교 시민교육

전 지구적 자연재해와 위험을 초래하며, 이제는 우리나라도 결코 자유롭지 못한 기후 위기의 책임은 어디에 있을까? 인간의 욕심 때문일까? 아니면 타고난 인간의 본성 탓일까? 물론 인간의 욕심과 본성 때문이기도 하다. 그러나 생태계의 몰락이나 기후 변화로 인한 위기를 단지 인간의 욕심과 타고난 본성 탓으로 돌리는 순간, 이러한 상황을 만든 이들과 이들이 만든 체제는 잊히고 만다. 그들은 모든 책임에서부터 완전히 자유로워지고, 심지어 면죄부를 얻게 된다.

로자 룩셈부르크의 말처럼, "자연의 몰락은 인간의 본성이 아니라, 끝없이 이윤을 추구하는 가운데 인간과 자연을 자원으로서만 바라보는 자본주의 체계를 충실히 따른 결과"인데 말이다.[6] 얼마

---

6) 비자이 프라샤드, "서문," 비자이 프라샤드 편/추선영 역, 『아스팔트를 뚫고 피어난

전 서울대에서 일어난 '청소노동자 사망 사건'은 이러한 사실을 그대로 보여준다. 서울대는 2012년 이후 지금까지 서울에서 에너지를 가장 많이 사용하는 곳이다. 그런데 서울대 청소 노동자 휴게실에는 에어컨은 커녕, 창문조차 없었다. 이들에게는 생존권이라는 최소한의 인권조차 보장되지 않았다. 이들은 인간이 아니라, 단지 하나의 자원이고, 인간노동력일 뿐이었다([그림 8] 참조).

그리스도인으로서 우리는 자연이나 인간을 자원으로 바라보는 체제에 문제를 제기하면서, 기후 위기의 책임을 깊이 통감해야 한다. 이것은 하나님의 정의가 아니다. 힘없는 변두리 지역의 타자들, 제3세계 약자들의 희생을 전제로 한 발전과 편리함은 결코 하나님의 정의가 될 수 없다. 그 책임은 이러한 체제를 만든 이들에게 있다. 그러나 우리도 그 책임에서 결코 자유로울 수 없다.

[그림 8] 사망 사건이 발생한 서울대 청소 노동자 휴게실 내부.
(출처: ⓒ 비정규직 없는 서울대 만들기 공동행동)

꽃 – 자본주의 시대 기후 변화에 대한 단상』 (성남: 두번째테제, 2018), 16.

이화여자대학교의 백은미 교수는 기후 위기, 그로 인한 불평등과 차별 등 우리 사회의 문제를 해결할 수 있는 근본적 변화를 끌어내기 위해서는 그리스도인들이 사회 문제에 책임의식을 가져야 하고, 변화를 위해 노력해야 한다고 하면서 '기독교 시민교육'의 필요성을 말한다. 기독교 시민교육이란 "기독교인들이 개인이나 집단의 이익, 행복을 넘어서서 공동체 전체의 공동선과 행복을 추구하여 궁극적으로 하나님 나라의 희망을 이 땅에서 실현해 나가도록" 하는 교육을 말한다.[7] 물론 백 교수가 환경교육이나 생태교육 차원의 기독교 시민교육을 말하는 것은 아니다. 그러나 기후 위기는 지금 우리 사회의 가장 심각한 문제 중 하나로, 기독교 시민교육의 중요한 주제가 된다.

그러므로 기독교 시민교육을 통해 기후 위기의 심각성을 널리 알리고, 건전하고 책임 있는 사회인이자 그리스도인으로서 살아야 함을 가르쳐야 한다. 나아가 예수의 가르침을 따르는 성서적, 대안적 삶의 방식이 무엇인지 함께 고민해야 한다. 그리하여 단순한 환경보호 차원을 넘어서 개인의 삶의 방식을 전적으로 바꾸고, 사회까지도 변화시킬 수 있어야 한다. 끊임없이 정의와 진리를 추구하며, 그것을 실현하기 위해 애쓰는 공동체, 그것이 바로 교회이며, 교회의 존재 이유이기 때문이다.

굳어진 생각과 효율적이고 편리한 삶의 방식에 사로잡힌 우리

---

7) 백은미, "기독교 시민교육을 위한 교육신학적 모색," 「기독교교육논총」 59집(2019), 93-123.

가 대안적이고 불편한 삶을 살기로 작정하는 것은 결코 쉬운 일이 아니다. 그러나 시커먼 아스팔트에서도 꽃을 피워내는 자연의 생명력은 무뎌진 우리를 다시 일으켜 세운다. 카를로스 드루몬드 지 안드라지(Carlos Drummond de Andrade)의 〈꽃과 메스꺼움〉이라는 시에는 이런 구절이 있다.

> … 경찰의 눈을 피해 아스팔트를 뚫고 피어난 꽃.
> …
> 예쁘지 않아도 꽃은 꽃이다.
> 아스팔트, 지루함, 혐오, 증오를 헤치고 꽃이 피어났다.

시인은 물질 만능의 소비 자본주의 시대, 인류의 생존을 위협하는 기후 위기 시대에도 꽃은 피어난다고 노래한다. 그러나 희뿌연 하늘과 답답한 공기 사이에서, 아스팔트 사이에서 꽃을 피워내기 위해서는 속도와 효율성, 편리함이라는 유혹을 먼저 떨어내야 한다. 이제는 더 미룰 수 없다. 이것은 더 예쁜 꽃을 피우기 위해서가 아니라, 꽃이 본래의 모습대로 피어날 수 있도록 하기 위해서다. 우리가 숨 쉬며 살기 위해서다.

참고문헌

김추령.『오늘의 지구를 말씀드리겠습니다: 과학으로 읽는 지구설명서』. 서울: 양철북, 2012.

백은미. "기독교 시민교육을 위한 교육신학적 모색." 「기독교교육논총」 59집 (2019), 93-123.

세계보건기구(WHO)/박윤형 역.『기후 변화와 건강』. 서울: 의료정책연구소, 2012.

이충환.『지구온난화, 어떻게 해결할까』. 서울: 동아엠앤비, 2018.

조천호『파란하늘 빨간지구: 기후 변화와 인류세, 지구시스템에 관한 통합적 논의』. 동아시아, 2019.

클라인, 나오미. "익사하든지 말든지: 더워져 가는 세계에서 자행되는 타자화라는 폭력." 비자이 프라샤드 편/추선영 역.『아스팔트를 뚫고 피어난 꽃 – 자본주의 시대 기후 변화에 대한 단상』. 성남: 두번째테제, 2018, 33-58.

통계청.『기후 변화에 따른 주요 농작물 주산지 이동현황』. 보도자료 (2018. 04. 10).

프라샤드, 비자이 편/추선영 역.『아스팔트를 뚫고 피어난 꽃: 자본주의 시대 기후 변화에 대한 단상』. 성남: 두번째테제, 2018.

기후 변화, 세계에 응답하는 그리스도인

송진순[*]

기후 변화, 그 위기의 온도

전 세계적으로 기상이변이 속출하고 자연 생태계가 빠르게 변화하고 있다. 대중매체에서 기후 변화를 보도할 때면 태풍과 가뭄만큼이나 빠짐없이 등장하는 장면이 있다. 바로 빙하 위의 북극곰이다. 그런데 왜 북극곰일까? 이들의 서식지인 북극의 바다와 빙하는 면적은 작아도 지구 전체의 기후를 조절하고 해류를 순환시키는 지구의 심장과도 같은 곳이다. 지구온난화로 인한 지속적인 해빙의 감소는 북극곰을 비롯한 다양한 생물종의 멸종과 전 지구적 이상기후의 원인이 된다. 북극은 그 자체로 기후 변화의 진원지이자 현재 기후 변화의 양상과 심각성의 바로미터라 할 수 있다. 따라서 북극

---

[*] 이화여대 기독교학과 강사

출처: WWF WILDLIFE AND CLIMATE CHANGE SERIES,
https://www.worldwildlife.org/initiatives/climate.

빙하에 의존해 살아가는 북극곰은 기후 변화의 직접적인 영향을 받
는 지표종으로써 북극 생태계와 기후 변화의 흐름을 이해하는 데
도움을 준다. 또한 먹이사슬의 최상위 포식자로써 북극 생태계 균
형을 유지하는 데 중요한 역할을 한다. 그런데 최근 북극 해빙이 무
서운 속도로 녹아내리면서 북극곰이 생존의 위협을 받고 있다. 삶
의 터전을 잃고 먹잇감을 사냥하지 못해 아사하는 북극곰은 2008
년 5월 멸종위기종으로 등록되었다. 유사 이래 인간이 초래한 기후
변화의 공식적 희생양이 된 것이다.

　화면 속 북극곰들은 영양실조로 살가죽만 남아있거나 작은 빙

152 ｜ 2부 _ 생태신학과 한국교회의 성찰

하에 몸을 맡긴 위태로운 모습으로 우리를 응시한다. 이들의 처참한 실상을 목도하면서도 지구 자연을 염려하는 것은 잠시뿐, 우리는 늘 그랬듯이 의식주를 전적으로 탄소 소비에 의지한 채 별 불편 없이 살아간다. 북극이라는 공간에서 벌어지는 죽음의 포효가 '지금 여기' 나의 삶에 영향을 주지는 않기 때문이다. 적어도 기후 변화가 한반도에 서식하는 나에게 물적 손실과 위기로 다가오기 전까지는 말이다. 산업혁명 이후 인류는 지속적인 산림 파괴와 자원 고갈, 온실가스 배출로 인한 기후 변화와 환경 오염을 마주하고 있다. 지구온난화와 관련한 치명적인 데이터 값과 생명이 파괴되는 현장을 보면서도 우리는 현실을 제대로 인식하지 못한다. 그러니 절박함도 없다. 이러한 태도는 지구온난화가 우리 삶을 변화시키지 못할 만큼 미미한 수준이기 때문일까, 아니면 생존의 위기를 위기로 직시하지 못하는 우리의 무모한 불감증 때문일까?

매년 기상청에서 발간하는 『이상기후보고서』에 따르면, 2018년 1~2월, 한파로 인한 한랭 환자는 631명으로 2011년 이후 최다를 기록했다.[1] 4월 남부지방에서는 영하권에 이르는 이상저온 현상이 일어났고, 5월에는 때아닌 우박으로 농작물의 피해가 막대했다. 하지만 기후 변화를 위기로 적시하게 된 것은 한반도를 뜨겁게 달군 폭염이었다. 8월 1일을 기준으로 홍천이 41℃로 기상 관측상 최고 기록을 경신했고, 서울은 39.6℃로 1907년 기상 관측이 시작

---

1) 기상청, 『2018년 이상기후보고서』, 5-10. 2010년 이후부터 기상청은 국무조정실과 공동주관하고 관계부처 합동으로 본 보고서를 발간하고 있다.

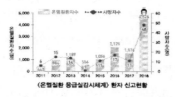

출처: 『2018년 이상기후보고서』, 10.

된 이래 111년 만에 최고 기온을 기록했다. 33℃가 넘는 폭염이 31
일, 25℃ 이상의 열대야가 17일 지속됐다고 보고하지만, 실제 체감
온도는 40℃를 넘었고, 폭염은 7~8월을 꽉 채우고서야 해제되었
다. 그 사이 온열 질환자는 4,526명으로 급증했고, 그중 48명이 사
망했다. 2,200명이 넘는 식중독 환자가 속출했으며, 선로는 휘어져
나갔고, 고속도로는 솟구쳐 올랐다. 7월 24일 최대 전력 수요는
92,478MW를 기록하며 역대 최대치를 경신했으며, 최대 전력 수요
는 전년 대비 기존 최대치(85,183MW)를 19일이나 초과했다. 전국
에서는 농작물이 타들어 갔다. 9,097,000마리의 가축이 폐사했으
며 양식장의 어패류를 비롯한 해양생물은 떼죽음을 당했다. 최근
몇 년간 미세먼지가 한반도 상공을 뒤덮은 데 이어 이례적인 폭염
은 한반도 전역에 죽음을 몰고 왔다.

한파와 폭염이 내 삶에 실질적 위기, 즉 일상을 영위하지 못할 만큼의 육체적 위해와 당장 지불해야 하는 전기료와 병원비, 생활 전반의 물가 상승이라는 경제 손실로 다가오자 기후 변화에 대한 막연한 생각을 걷어내야 했다. 기후 변화는 위기로 다가왔고, 미온적 대응은 구체적 대응 방식으로 실천되어야 함을 인식하기 시작했다. 북극과 북극곰의 위기가 아니라 한반도와 나의 위기를 경험한 것이다. 사전적 정의에 따르면 일정 지역에서 장기간에 걸쳐 진행되는 기후 변화(Climate Change)는 객관적 추이를 넘어 생존을 위협하는 인류 최대 과제가 되었다.

유엔 산하 '기후 변화에 관한 정부 간 협의체'(IPCC)는 예상보다 빠르게 진행되는 기후 변화에 대해 "앞으로 20~30년 간의 노력이 미래를 좌우할 것"이라고 전망했다. 이제 기후 변화는 기후 위기(Climate Crisis)를 넘어 기후 재앙(Climate Catastrophe)으로 다가왔다. 지구 역사에서 최고로 발전된 과학의 혜택과 문명의 풍요를 누리는 지금, 인류는 바로 그 풍요로 인해 파국적인 내일을 준비해야 한다. 지금 여기에서 마지막을 사는 우리는 기후 변화가 가져온 일상의 재앙들을 목도하면서 어떤 삶을 살아야 하는가를 고민해야 한다. 기후 변화는 세상 끝에 선 그리스도인에게 또 다른 삶의 자세를 요청하고 있다.

기후 변화, 재앙의 도미도 현상

2017년 미국은 파리국제기후협정을 탈퇴했다. 트럼프 행정부는 기후 변화에 부정적 태도로 일관하면서 친환경 정책을 백지화했다. 시대를 역행하는 미 행정부와는 다르게 공공연구 프로젝트인 지구변화 연구프로그램은 2018년 '기후과학특별보고서'를 통해 심각한 우려의 소리를 표명했다. 기후 변화가 큰 폭으로 변화하는 상황에서 별다른 조치가 없는 한 파리기후협정에서 설정한 평균 기온 상한선을 지켜내기도 어려울 것이라는 보도가 그것이다. 최근 3년(2015~2017년)은 근대 기상학이 자리잡은 이래 가장 더운 해로 기록되었고, 기후 변화의 핵심 원인은 인간 활동에 의한 온실가스 배출이 명백하다는 결론도 덧붙였다.[2] 너무도 자명한 사실을 굳이 보고서에 근거하여 확인해야 하는가? 되물을 수도 있겠다. 그러나 이러한 결과는 기후 변화에 대해 안일한 태도로 일관하는 정부와 이를 부정하는 재벌 기업들 그리고 기후 변화를 막연한 미래로 던져버린 우리를 설득할 수 있는 지표가 된다.

기후 변화는 이산화탄소(CO_2), 메탄(CH_4), 아산화질소(N_2O) 등의 온실가스로 인해 지구온난화가 이뤄지면서 발생한다. 이는 자연적 원인과 인위적 원인으로 구분되는데, 먼저 화산 분화나 태양 활동의 변화 등의 외적 요인과 기후 시스템인 대기, 해양, 육지, 설빙, 생물권 등의 각 요소가 상호작용하면서 일어나는 자연적 요인

---

2) 환경재단, 『2030에코리포트』 Vol. 3(2018), 28-29.

이외 18세기 산업혁명 이후 산림 파괴와 온실가스 방출이라는 인위적 요인이 기후 변화의 속도를 앞당기고 있다. 지난 133년(1880~2012년) 동안 지구 평균 기온이 0.85℃가 상승했는데, 이는 과거 1만 년 동안 지구 온도가 1℃ 이상 변한 적이 없다는 것을 감안할 때 결코 간과할 수 없는 수치이다. 현재 1℃ 수준의 온난화의 영향도 심각한데, 온실가스 배출을 지금 상태로 방치할 경우 2100년까지 지구 평균 기온은 3.7℃, 해수면은 52~98cm로 상승한다는 것이 기후 변화정부협의체(IPCC) 보고서의 전망이다. 최근 새로운 연구에 따르면 한반도의 평균 기온은 6℃까지 상승할 수 있으며, 해수면 상승 폭은 2100년 2m를 넘을 수 있다고 보도됐다.

기후 시스템은 결코 점진적으로 변하지 않는다. 일단 임계치를 넘어서면 자연의 회복 가능성을 기대하기란 불가능할지 모른다. 이러한 예상은 인류를 불안과 두려움에 빠뜨리려는 전략적 수사가 아니다. 문제는 현재 위기가 막연하게 체감하는 불편이나 위기의식을 넘어 인간의 통제할 수 없는 상황을 가져온다는 데 있다. 이것은 현재 우리의 삶의 체제, 탄소연료 중심의 생산과 소비의 자본주의적 삶의 방식이 한계에 이르렀음을 의미하는 것이다.

주목할 것은 기후 변화가 범지구적이고 동시다발적일 뿐만 아니라 그 영향이 연쇄적이라는 데 있다. 최근 빈번하게 발생하는 이상기후 현상은 전 세계적 양상을 띠고 있다. 2019년 1월 영하 40℃의 유례없는 한파가 시카고 전역을 휩쓸었다. 도시 전체가 마비되었고 일리노이주는 재난지역으로 선포되었다. 반면 같은 시기 호주는 영상 46.6℃를 넘었다. 에어컨 사용이 급증하면서 전력망이 과부하 되었고, 폭염으로 인해 산불이 계속해서 발생했다. 몇 달 뒤 프랑스를 비롯한 유럽 전역도 45℃ 이상의 폭염으로 비상사태가 되었다. 동아프리카는 극심한 가뭄으로 시달렸고, 육지의 얼음이 줄면서 남아시아는 물론 서유럽은 수자원 부족 현상이 나타났다. 해수면은 7년 연속 상승세를 기록하는 중이다. 이러한 한파와 폭염, 폭설, 태풍, 가뭄, 홍수를 비롯한 이상기후는 앞으로 더 자주, 동시다발적으로 일어날 것으로 예견된다.

문제는 이상기후가 자연재해로 이어진다는 점이다. 아프리카와 중동 지역은 가뭄으로 사막화가 빠르게 진행되면서 지하수와 수자원이 고갈됐고, 대규모 산불로 인해 산림이 초토화되었다. 홍수와 태풍이 비옥한 표토를 쓸어가면서 비옥한 강 하구는 불모지가 되고 수온과 해류의 변화로 전통적인 어장이 변화하거나 사라지고 있다. 이상기후에 의한 토양 유실과 수자원 고갈은 농사 면적의 감소와 흉작의 원인이 된다. 홍수나 해수면 상승으로 재해가 심한 지역에서는 곡물 생산이 급감하면서 곡물 가격의 폭등은 관련 수출입의 경제적 타격만이 아니라 사회 정치적 분쟁과 난민 문제를 일으킨다. 사하라 이남의 아프리카, 남아시아 그리고 라틴 아메리카에서 지속된 장기간의 기근과 불안정한 식량 수급으로 인해 영토 분쟁과 종족 학살 및 대규모 기후 난민 문제가 일어났다. 2011년 러시아는 150년 만에 발생한 가뭄과 산불로 곡물 생산의 40%가 감소했고, 이로 인해 곡물 수출 중단 조치가 내려지자 국제 곡물 시장에서의 밀 가격이 60% 이상 폭등했다. 식량 공급이 원활하지 않자 정치 경제적으로 불안정한 민중들은 봉기를 일으켰다. 이외에도 2012년 1월부터 시작된 튀니지, 이집트, 예멘, 시리아의 민중봉기도 같은 경로를 따라 일어났다.3)

기후 변화는 봉기와 분쟁이라는 지역 내 갈등뿐만 아니라 국제 사회의 갈등과 혐오를 증폭시켰다. 해수면 상승으로 향후 50년 이내 수몰 위기에 있는 몰디브에서는 거주민 37만 명이 자국을 떠날 것을 원하고, 투발루는 식수와 농경지 오염으로 인해 주민들이 이민 수속을 밟고 있다. 그러나 2001년 호주의 이민 신청 거부로 2002년부터 투발루는 뉴질랜드로 매년 75명씩 이주시키는 중이다. 리비아의 기후 난민들은 장거리 항해 도중 선박이 침몰하거나 기아와 피로로 대규모로 사망하는 경우가 비일비재하다. 종족 학살로 이어지는 기후 난민은 통계적으로는 2008년 이래 1초에 한 명, 매년 2500만 명이 발생하는 것으로 추정된다. 이러한 상황에서 유럽을 비롯한 각 국가에서는 난민 수용 여부와 난민 관련 정책안들이 심각한 논란 가운데 있다.

내전, 영토분쟁, 민족 간 갈등뿐만 아니라 사회 불안과 정치 체제 변화의 주원인 중 하나가 기후 변화이다. 서유럽에서는 2015년부터 시리아 난민 사태로 심각한 사회 혼란을 경험했다. 경기 침체로 난항을 겪고 있는 유럽에 수백만 명의 난민이 몰려들면서 국가

---

3) 하랄트 벨처와 귄 다이어/김준우 역, "기후전쟁 폭등은 종족학살을 자행하고 있다." 『기후 붕괴의 현실과 전망 그리고 그 대책』(한국기독교연구소, 2012), 173-175.

재정에 압박을 가했고, 난민 사태의 장기화로 치안도 불안정해졌다. 난민이 주로 사회적 하층민을 구성하고 범죄에 내몰리면서 인종과 종교에 대한 혐오가 국제 사회의 문제로 대두됐다. 사회적 불안은 안보를 넘어 민주주의 체제를 위협하고 대규모 폭력 사태를 유발했다. 이러한 상황에서 국민들은 사회적 안전을 위해 강력한 공권력을 발휘하는 권위적인 정부를 요청했고, 평화와 연대의 정신이 퇴색해버린 또 다른 국면의 국제 지형이 형성되고 있다. 자국 우선주의, 보호무역, 극우 정당의 약진은 국가 안보 및 사회적 안정과 직결된 것으로, 이는 언제 터질지 모르는 지역 및 국가 간 갈등과 분쟁을 전제하고 있다. 자연 재난이 인류의 기본 생존권을 위협하는 것을 넘어 사회 재난과 안보 문제와 연결되면서, 기후 변화는 자연과학적 대책만이 아니라 정치, 경제, 지정학적 차원의 전방위적 대책들을 요청한다. 이렇듯 기후 변화는 전 세계적으로 예상치 못한 사회적 불안과 경제적 손실 그리고 정치 지형의 변화를 일으키며 연쇄적으로 확대되는 중이다.

기후 변화, 그 불평등의 지표

독일의 사회학자 울리히 벡(Ulrich Beck)은 『위험사회』에서 "빈곤은 위계적이지만 스모그는 민주적이다"(poverty is hierarchic, while smog is democratic)라고 말했다.4) 그는 급격한 근대화를 인류의 운명을 좌우할 위협이 등장하는 과정으로 보았다. 문제는 지금의 위험이 특정 집단이나 지역에 국한된 것이 아니라 계급이나 국경, 대륙을 넘어 전 지구적이고 초 국가적이며 그 해결이 쉽지 않다는 데 있다. 근대 문명의 발달은 인류를 파국으로 몰아가고 있으나 이를 해방적 파국으로 전환하면서 문명적 탈바꿈을 해야 한다는 것이 그의 주장이다. 다시 말해 위험 앞에 선 우리는 공동으로 사회적 안전장치를 마련해가는 새로운 근대, 즉 성찰적 근대를 열어가야 한다고 역설했다. 물론 부는 상층부에 축적되고, 위험은 하층부에 축적된다는 점도 놓치지 않았다. 그럼에도 불구하고 스모그가 민주적이라고 말할 수 있었던 이유는 가시적으로 인식되는 계급사회보다는 인식조차 불가능한 위험사회가 더 긴박하다고 생각했기 때문이다. 도처에 깔려 있는 잠재한 위험과 내재된 불안은 인류 모두에게 평등하게 다가오지만, 그의 낙관적 기대만큼이나 문명의 탈바꿈은 쉽게 이뤄지는 것은 아니다.

벡의 지적처럼 기후 변화라는 위험은 문명의 예기치 않은 산물로서 전 지구적이며 누구도 피할 수 없다. 동시에 더욱 분명하게 인종, 경제 수준, 소득과 교육 정도 등 사회 경제적 수준에 따라 다르게 영향을 미치고, 지역적, 연령별로 위험에 노출되는 정도가 차등화된다. 기후 변화의 파생 효과, 지구 생존에 대한 위협은 결코 평등하지 않다.

스탠퍼드대학의 한 연구의 따르면, 지구온난화는 1961년부터

---

4) 울리히 벡/홍성태 역, 『위험사회』 (서울: 새물결, 1997), 77.

2010년까지 50년간 전 세계 양극화와 경제적 불평등을 대폭 증가시켰다. 지난 반세기 동안 지구 평균 기온이 지속적으로 상승하면서 국내총생산(GDP)이 국가별로 상이하게 나타났다. 이 기간에 세계 주요 빈국의 1인당 GDP는 17~30% 정도 감소했지만, 선진국의 GDP는 10% 더 증가했다. 2017년 기준 1인당 GDP가 2,898달러(약 340만 원)인 아프리카 수단은 1961년에서 2010년 사이에 1인당 GDP가 36%, 인도의 1인당 GDP도 31% 감소했다. 반면 북해 유전을 보유한 산유국 노르웨이는 1인당 GDP가 34% 증가했다. 기후 변화가 일어나지 않았을 경우와 비교할 때, 세계 최빈국과 최부국의 1인당 GDP 격차는 25% 더 벌어진 것으로 추정됐다.

기후 변화로 인한 피해 양상도 현저한 차이를 보였다. 이란은 2019년 3월 때아닌 호우로 1,000만 명이 수해를 입었고, 4,400개 마을이 침수되고, 집과 교각이 붕괴됐다. 6월 인도에서는 50℃가 넘는 폭염으로 100명 이상이 열사병으로 사망했다. 반면 비슷한 시기 전 유럽에서 폭염으로 인한 사망자는 100명을 넘지 않았다. 선진국은 기후 변화에 대비하여 풍력, 태양열 등 다양한 에너지원을 개발, 유지하고 있다. 무엇보다도 병원, 의료보험, 긴급구호 등 사회적 서비스뿐만 아니라 자연재해에 대비한 방파제, 배수시설, 각종 대피소 등의 제반 시설이 잘 구축되어 있다. 반면 가난한 나라들은 사회적 서비스와 제반 시설의 부족으로 빈번한 이상기후에 더 큰 피해를 입을 수밖에 없다.

탄소 배출을 주도한 서구 유럽과 미국 등 일부 부유한 국가들과

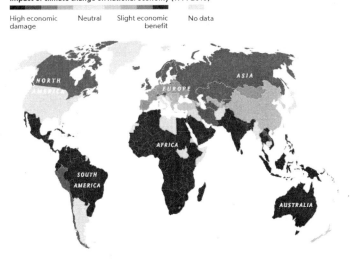

Impact of climate change on national economy (1991-2010)

High economic damage   Neutral   Slight economic benefit   No data

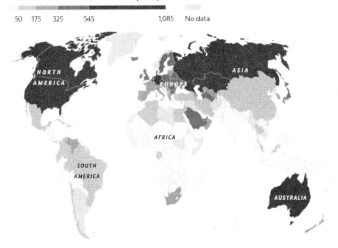

Cumulative carbon dioxide emissions per capita, in tons (1991-2010)

50   175   325   545   1,085   No data

출처: Climate change and economic inequality
https://www.nationalgeographic.com/environment/2019/04

뒤를 이어 경제 개발에 박차를 올리는 아시아가 경제 발전의 수혜를 입고 있다면, 반면 저개발국이자 극빈국인 아프리카, 중앙아시아, 남아메리카의 국가들은 경제 발전의 폐해를 입고 있다. 기온 상승으로 인한 사막화와 가뭄이 빚어낸 식량 문제에서부터 내란, 난민 그리고 국가 간 분쟁에 이르는 문제들이 남반부를 중심으로 중첩되어 나타난다. 선진국에서는 결코 운영될 수 없는 위험물을 취급하는 공장들이 저개발이나 미개발국에 설립되면서 환경 오염과 천원 자원 고갈, 생태계 파괴와 막대한 탄소 배출이 발생한다. 이후 기업이 철수하면 지역 경제의 몰락은 물론 자연 파괴와 지역 사회의 폐허화로 인해 거주민들의 삶까지도 전락하고 만다.

기후 변화가 극심한 지역에서는 무엇보다도 영양 불균형으로 영유아 사망률은 높아지고, 분쟁지역에서 여성과 어린이들의 인권 유린은 심각한 상황이다. 이에 대해 UN 인권특별보호관인 필립 올스턴은 "기후 변화는 가장 가난한 사람들에 대한 비양심적인 공격"이라며 기후 변화가 부자와 빈민에게 미치는 영향은 명백하다고 지적했다. 그는 "기후 변화로 상당수 개발도상국의 중산층이 빈곤층으로 전락했다. 10년 안에 1억 2,000만 명이 빈곤선 이하의 삶을 살게 될 것"이라고 경고했다.[5]

기후 변화와 경제적 불평등은 국가 간 경계를 넘어 한 국가 혹은 지역 내에서도 나타난다. 한파와 폭염은 물론 태풍과 홍수 같은 이

---

5)http://www.donga.com/news/article/all/20190713/96453920/1,
  2019.10.19.

상기후는 일반 성인에 비해 면역력이 낮고, 저항력이 약한 영·유아와 노인에게는 치명적인 영향을 끼친다. 사회 경제적 수준이 낮은 집단은 상대적으로 저지대 혹은 고지대, 상하수도 시설이 미흡한 지역, 상습 침수 지역에 거주하는 경향이 있고, 외부 작업이나 위험한 직업군에 속해 있기에 이상기후에 직접 노출되어 있다. 홍수와 태풍은 도시 빈민에게 가장 위협적이고, 한파와 폭염은 농업, 어업, 건축 현장 근로자의 목숨을 앗아간다. 그 외 이동성 장애인이나 만성질환자들 그리고 기후 변화 정보를 제공 받기 어려운 집단에 속한 사람들도 기후 변화의 고위험군으로 분류될 수밖에 없다.

기후 변화에 책임이 없는 사람들이 가장 큰 고통을 짊어져야 하는 상황은 현재 정치, 경제 구조가 얼마나 불의한가를 잘 보여준다. 기후 위기 혹은 기후 재앙이라는 현상 이면에는 이 체제의 뿌리 깊은 불평등과 불공정이 자리하고 있다. 코펜하겐 회의에서 학자들은 기후 변화를 기후 정의로 문제로 인식하면서 현재 자본주의 시스템에 대한 성찰을 요청했다. 역사상 유례없는 기후 변화는 자본주의 사회에서 위기조절 시스템이 한계에 봉착했음을 보여주었다. 이는 에너지 재고량, 환경 지탱 능력, 생물자원, 경제 성장, 지구의 적재량 등 모든 면에서 유한성이 드러난 것이며, 기존의 통제 도구와 시도로는 한계가 있다는 것을 의미한다.[6] 개인적 차원의 분노와 사회적 제도 개선, 혹은 경제 제도를 통한 정책 변화나 환경 조치와

---

6) 클라우스 레게비·하랄트 벨처/윤종석·정인회 역,『우리가 알던 세계의 종말』(서울: 한울, 2009), 65.

같은 대응 방식만으로는 해결할 수 없기에, 기후 변화에 대한 전적으로 새롭고 절실한 인식과 움직임이 요구되는 것이다.

기후 위기, 절망과 변화 사이에서

250년의 자본주의 경제 체제가 절정에 오르면서 인류는 파국적 종말을 향해 가고 있다. 지구의 시계를 되돌리지 못한다는 엄연한 현실 앞에서 국제 사회는 1972년 로마클럽의 '성장 한계' 보고서를 통해 지구온난화를 경고하면서 대책 마련에 나섰다. 1992년 리우에서 172개 국이 모여 본격적으로 온실가스 감축에 대한 유엔기후변화협약을 체결했다. 교토의정서(1997)를 비롯하여 코펜하겐총회(2009)와 197개 국 정상이 합의한 파리기후 변화협약(2015) 등 지구온난화를 늦추기 위한 노력이 지속적으로 시행되었다. 민간 차원에서는 그린피스(Greenpeace), 세계자연보호기금(World Wide Life Fund for Nature), 지구의 벗(Friends of the Earth) 등 비영리 국제 환경단체와 각 종교단체 그리고 환경 연합들의 활동과 교육들이 이어지고 있다.

로마 교황청은 생태 정의의 관점에서 하나님과 인간의 관계 회복과 피조 세계에 대한 돌봄을 주제로 하는 회칙 〈찬미받으소서〉(2015)를 선포했다.[7] '온전한 생태학'을 회칙의 핵심 개념으로 삼

---

7) 한국천주교중앙협의회, 『찬미받으소서』, 2015.

기후변화에 대한 지구촌 대응 역사

1972년	1988년	1992년	1995년	1997년
로마클럽 '성장의 한계' 보고서, 지구 온난화 첫 경고	'기후변화에 관한 정부 간 협의체(IPCC)' 설치	유엔기후변화협약 체결, 178개국 리우 선언	독일 베를린에서 2000년 이후 온실가스 감축 논의 시작	3차 일본 교토 총회 (선진국 온실가스 감축 목표 규정한 교토의정서 채택)

2017년	2015년	2013년	2012년	2005년
미국 파리기후변화협약 탈퇴	21차 프랑스 파리 총회 195개국 파리기후변화협약 체결	17차 남아프리카공화국 더반 총회 (모든 국가가 2020년 이후 자발적 감축 목표 제출에 합의)	13차 인도네시아 발리 총회 (교토의정서 효력 2020년까지 연장)	교토의정서 발효

출처: http://www.donga.com/news/View?gid=96453920&date=20190713

고, 현재 경제 체제와 기술 관료적 패러다임의 문제점을 지적하면서 이에 대한 각성과 생태적 회개를 촉구했다. 하나님의 피조 세계가 온전하게 보존될 수 있는 포괄적 해결책을 강구하는 동시에 새로운 세계를 구현하기 위한 영성과 가르침을 제시했다. 최근에는 시민, 특히 젊은 세대의 자발적 운동도 눈에 띄는 현상이다. 청소년 환경운동가인 툰베리와 전 세계 수백만 학생들이 주축이 된 "미래를 위한 금요일"은 기후 변화에 대한 신속한 행동을 촉구하고 나섰다. 기후 변화가 자연과 인간 심지어 미래 세대를 어떻게 착취했는가에 대한 자성의 소리와 실천이 이어진다는 것은 고무적인 일이다.

그러나 이와 같은 노력에도 불구하고 재앙을 늦추려는 변혁적 시도들이 좌절되고 파국을 향한 시계는 더욱 빠르게 돌아가는 중이다. 어느 때보다 국제 사회의 연대와 협력이 절실하게 요청되는 시기임에도 국가 간 협조와 의무 이행에 대한 강제력이나 구속력이 없는 것은 위기 극복의 난관으로 작용한다. 특히 자국 우선주의와 보호무역이 강화되는 상황에서 미국과 소련 등 영향력 있는 국가들이 기후 변화 대응에 미온적이거나 아랍 지역 국가들은 소극적 반응으로 일관하고 있다. 환경보다는 경제 발전과 빈곤 극복이 시급한 개도국들은 경제적 이익이나 보상 없는 환경 협약이 자국에게는 불공정하다고 비판한다. 그동안 환경을 착취한 대가로 경제를 일으킨 선진국과 달리 자신들은 기후 변화나 환경오염의 후처리를 짊어져야 한다는 생각에서이다. 물론 독일, 프랑스를 비롯한 대부분의 유럽 국가들은 에너지 패러다임을 전환하고 개도국의 저탄소 발전 지원계획을 수립하는 데 힘쓰고 있다. 그렇지만 지금과 같은 국제사회의 느슨한 연대와 무임승차의 기회를 엿보는 일부 국가들의 행태는 환경 협약의 실효성을 떨어뜨리고 있다.

우리 정부는 안정적 전력 수급과 함께 환경과 국민 안정성을 중심으로 하는 "제8차 전력수급기본계획(2017~2031)"을 발표하고 "2030 친환경 에너지" 정책을 수립했다. 탄소 배출 감축을 위한 탈원전, 탈석탄 정책과 신재생 에너지원 확대를 기본 방향으로 삼고, 이를 실천하기 위한 정부와 지자체 그리고 시민사회의 거버넌스적 접근을 주장했다. 그러나 신자유주의 시장경제 체제에서 성장 신화와 발전 논리가 아닌 저성장, 생태적 삶으로의 전환은 정책만으로 이뤄지지 않는다. 이러한 계획과 달리 한국은 2018년 기준 이산화탄소 배출량 세계 7위 국가이자 OECD 국가 중 유일하게 석탄 소비량이 증가 추세에 있다. 정치적 타협과 정책적 퇴보로 신재생 에너지 정책은 교착상태에 있고, 과학 기술에 대한 안일하고 낙관적 기대감은 위기에 대한 불감증을 증폭시키고 있다. 환경 인식 및 생태

감수성의 부재 그리고 현재의 불편을 감수하지 않으려는 삶의 태도, 이 모든 것들이 절망의 미래 앞에서 우리의 실천을 가로막고 삶의 변혁을 저지하는 원인인 것이다.

주지하듯이 지금의 자본주의 체제는 자연을 착취하고, 약자의 희생을 강요하며, 미래를 식민화하면서 이룩되었다. 자본주의의 산물인 기후 변화는 환경과 생태를 넘어 전 지구적 생존의 문제이다. 이것은 탄소 에너지를 기반으로 하는 경제 구조가 더 이상 유효하지 않다는 것과 기후 재앙이 인간의 통제를 벗어나 그 임계치에 다다랐다고 경고하고 있다. 현재 문명의 패러다임은 이제 새로운 에너지원을 기반으로 하는 전적으로 다른 삶의 가치와 삶의 태도를 요청하고 있다. 지속적인 경제 성장, 부채에 기반한 복지 제도, 기술 문명과 세계화에 대한 허구적 신화가 갖는 착취적, 폭력적 구조에서 벗어나야 함을 다시금 인식해야 할 것이다.

기후 재앙 앞에 선 그리스도인

성서가 전하는 하나님 · 자연 · 인간

자본주의 경제 체제가 약속하는 풍요롭고 안락한 삶, 그 이면에 착취와 식민화 그리고 각자도생의 삶을 직시한다는 것은 쉬운 일이 아니다. 체제 내 존재로서 이 세대는 이미 적자생존의 경쟁, 자본의 계급 질서와 향락적 소비 주체로 최적화되어 있기 때문이다. 우리는 물적 풍요 속에서 영혼의 빈곤과 타락을 경험하고 생존 투쟁에서 수많은 소리 없는 죽음에 일조하며 어느 시대보다 공고한 계급 사회 속에서 살아가고 있다. 이 모든 소비 자본주의 산물 중 기후 변화는 가장 마지막에 그리고 가장 위협적 형태로 당도했을 뿐이다. 재앙의 근원에는 신학적, 생태적, 사회적 차원의 깨어진 관계들이 자리하고 있다. 신과 인간, 세계와 인간, 인간과 인간, 심지어 인간 자신과의 깨어진 관계는 존재를 존재 자체로 인정하고 관계 맺는 모든 과정을 불가능하게 한다.

그러나 본래 성서가 말하는 하나님, 자연 그리고 인간의 관계는 이와는 전혀 달랐다. 창세기 1장은 하나님이 빛과 물을 토대로 바다와 뭍을 나누고 광명체를 두어 지구 환경을 조성했다. 이후 그 안에서 땅과 바다와 공중의 온갖 생물들이 생육하고 번성하는 과정을 묘사하고 있다. 각 창조물에 대해 하나님이 "보시기에 좋았다"라는 선포가 이어진다. 창조 기자는 하나님의 말씀이 모든 생명체를 지어냄과 동시에 생명체에 관한 섬세하고 직접적인 그분의 응시가 있음을 보도한다. 모든 것이 창조주의 눈과 입을 통해 창조되었고, 그의 품 안에서 생육하고 번성하였다. 그렇기에 만물은 하나님의 편재와 하나님의 축복을 담은 존재로서 아름답고 조화로운 평화의 상태를 유지하고 있음을 선언한다.

창조 세계에 대해 인간은 "땅에 충만하고 땅을 정복하고 모든 생물을 다스리라"(창 1:28)는 임무를 부여받았다. 자본주의 사회에서 정복과 다스림의 명령이 왜곡돼왔으나 성서는 하나님의 눈에 비친 창조물을 인간의 의지대로 착취하는 것은 결코 그분의 뜻이 될 수 없음을 시사하고 있다. 이어 창세기 2장에서 하나님은 아담에게 생물들을 친히 이끌어 와서 그에게 이름을 짓게 하신다(창 2:19). 이 본문은 1장과는 다른 방식으로 인간과 자연의 관계성을 암시한다. 이름을 짓는다는 것은 존재를 그 자체로 인정하고 새로운 관계를 형성하는 것을 의미한다. 이것은 지배나 소유의 관계가 아니라 '나' 와 '너'의 공존과 상생의 관계를 말한다. 하나님의 대리인으로서 인간은 창조 세계를 긍정하고 하나님의 품 안에서 서로가 서로에게 관계를 맺음으로써 창조 세계에 전적으로 참여하도록 부름을 받았다. 바로 여기에서 인간 삶의 터전이 마련된다. 인간은 사회적 존재 이전에 환경적 존재로 시작되었고, 그것은 하나님의 권능을 인정하며 창조 세계와 전적으로 소통하며 관계를 맺는 삶을 영위할 것을 요청받은 것이다.

노아의 홍수 이야기(창 7장)는 자연과 인간에 대한 하나님의 의지를 재확인해준다. 하나님은 죄악으로 타락한 세상을 정화시키는 과정에서 인간의 불순종을 꾸짖고 유대 민족의 믿음과 순종을 우선으로 삼는다. 그런데 이에 못지않게 모든 생물을 암수 한 쌍씩 방주에 들어가게 배려함으로써 자연 세계에 대한 보존과 돌봄의 존재로서 인간의 참여를 독려하고 있다. 홍수는 종말적 사건으로서 이 이야기는 세상의 끝에서 인간과 자연에 관한 하나님의 깊은 관심을 보여준다. 또한 희년 사상은 예속된 인간의 해방만큼이나 자연의 회복과 재생 나아가 인간과 자연의 조화로운 상태가 이스라엘 역사의 정신적 가치임을 나타낸다(레 25:10). 희년 사상에 나타난 하나님의 정의와 인간과 자연의 해방은 히브리인들의 신앙 개혁과 사회 개혁의 핵심이자 시대의 위기 속에서 새 이스라엘을 희망할 수 있었던 시대정신이었다. 제국의 지배와 인간의 권위가 하나님의 권능과 지배를 앞서갈 때, 예언자들은 이와 같은 시대 정신으로 비판의 소리를 냈다. 예언자의 선포 속에 새 이스라엘의 이상은 인간과 자연의 조화와 균형 속에서 이루어졌음을 성서는 기억하고 있다.

그러나 성서가 전하는 모든 관계가 깨어진 지금, 화석연료를 채굴하느라 대지의 속살을 도려내고, 수천 년 생명의 터전인 숲을 난개발하면서 수많은 생물종들을 고사시키고, 물과 공기에 오염물을 거리낌 없이 방사하는 상황은 하나님과 자연 그리고 인간의 본래적 관계를 철저하게 파괴하는 것이다. 인간중심적 사고와 이기성 그리고 탐욕이 자아낸 착취와 억압이 관계의 파괴를 넘어 기후 재앙이라는 생존의 위협으로 우리 앞에 마주하고 있다. 위기 앞에서 불의한 구조를 바로잡고 비틀린 인간 형상을 회복하며 파괴된 창조 세계와의 관계를 극복하는 데 있어서 성서는 우리에게 무엇을 말하고 있으며, 교회 공동체와 그리스도인은 어떤 삶을 살아야 하는가 묻지 않을 수 없다.

성서, 그 신실한 저항의 역사

호슬리(Richard A. Horsley)는 성서를 "신실한 저항의 역사로 새로 읽기"(Reclaiming the Bible as a History of Faithful Resistance)를 요청한다. 그는 현재 미국과 같은 강대국의 지배와 예수 시대의 로마 제국 그리고 고대 이스라엘 민족이 마주했던 제국의 지배 질서가 그 속성상 다르지 않다고 보았다. 특히 미국은 자신의 집단 정체성을 새로운 이스라엘이자 새로운 로마로 인식하고 있다는 점을 지적했다.[8] 그들은 '이스라엘'과 '로마'라는 양립 불가능한 이상적 지배 질서를 동일시함으로써 이를 자신의 정신적 토대이자 국가 이념으로 삼고 있다. 이스라엘이 하나님의 정의로운 통치와 축복의 상징이라면, 로마는 강력한 제국의 지배 질서와 세계 통치에 대한 염원의 상징이다. 그리스도의 복음과 제국의 지배 질서는 결코 같이 갈 수 없음에도 불구하고, 문제는 이것이 미국만의 열망이 아니라 자본주의 경제 체제를 지향하는 국가들의 보편적 가치라는 사실이다. 선진국을 향해 박차를 가하는 국가들이 제국의 그늘 아래 신음하면서도 아메리칸 드림과 신의 축복을 하나의 이상으로 꿈꾸고 있다는 것이다. 그렇기에 세계는 현재 체제와 구조가 얼마나 불의한가를 논하기에 앞서, 다시 말해 자연과 인간의 혹독한 착취와 희생에 기반해서라도 제국의 지배 질서를 성취하고자 최선을 다하고 있다.

---

8) 리차드 호슬리 엮음/정연복 역, 『제국의 그림자 속에서』 (서울: 한국기독교연구소, 2014), 132.

이스라엘의 역사는 강대국들의 틈새에서 하나님의 공의를 붙들고 예언자의 소리에 귀 기울이며 제국의 지배와 왕권에 맞섰던 하찮은 히브리 민족에 의해 이뤄졌다. 수 세기에 걸친 이집트, 아시리아, 바벨론, 페르시아의 지배와 사회적 고립, 종교적 박해에도 불구하고 유대인들은 해방자 야훼에 대한 믿음을 갖고 하나님의 다스리는 샬롬 공동체를 지켜내고자 했다. 이스라엘은 제국에 의해 땅과 민족과 신앙이 철저하게 파괴되는 절망의 한 가운데서, 현실적으로는 제국의 지배에 순응하면서도 제국의 질서에 저항하며 새 이스라엘의 이상을 꿈꿨다. 식민 사회의 억압과 희생적 삶의 강요가 이스라엘 민족의 주체적 삶의 가치와 방식을 송두리째 변화시켰지만, 그들은 해방의 하나님과 계약 신앙에 근거하여 절망의 현실을 뛰어넘고자 부단히 노력했다.

> 그가 많은 민족들 사이의 일을 심판하시며 먼 곳 강한 이방 사람을 판결하시리니 무리가 그 칼을 쳐서 보습을 만들고 창을 쳐서 낫을 만들 것이며 이 나라와 저 나라가 다시는 칼을 들고 서로 치지 아니하며 다시는 전쟁을 연습하지 아니하고, 각 사람이 자기 포도나무 아래와 자기 무화과나무 아래에 앉을 것이라 … 오직 우리는 우리 하나님 여호와의 이름을 의지하여 영원히 행하리로다(미가 4:3-5).

이스라엘 민족의 정신성은 예수 시대의 로마제국의 통치에서도 그대로 드러난다. 신약성서는 예수의 삶과 죽음 그리고 부활을 구원의 기쁜 소식 즉, '복음'이라고 전한다. 그러나 복음은 그리스어로 '유앙겔리온'(εὐαγγέλιον)으로 당시 로마 황제의 등극이나 승전보를 알리는 정치적 용어였다. 제국의 지배에 저항하며, 유대민족의 자치적 삶의 공동체를 재건하다 스러진 젊은 청년 예수에게서 유대인들은 제국을 넘어서는 하나님의 구원과 사랑의 확신을 발견한 것이다. 기원후 1세기 지중해 전역을 통치하는 로마는 폭력과 착취를 기반으로 이룩한 지배 질서를 로마의 평화(Pax Romana)라고 불렀다. 제국의 평화가 무참한 학살과 과세, 부역과 착취를 감행하고, 엄격한 계급 구조 속에서 인간 존재를 타자화하고 부정하는 때, 예수는 제국의 지배와 형식적 율법주의에 맞서 하나님과 인간, 인간과 인간의 온전한 관계 회복을 몸소 실천했다. 그것은 억눌리고 고통받는 가난한 자들과 함께 하는 하나님 나라 운동이었다. 사회적 세계 밖으로 밀려난 수많은 이들, 종교적, 정치적, 사회적으로 죄인된 이들이 새롭게 만들어 가는 하나님 나라였다.

하나님 나라는 성전이나 궁전에서 사용되는 레바논의 백향목, 그 아름드리 거목으로 상징되는 지배질서가 아니다. 척박한 아무 곳에서나 씨가 퍼지고 그 줄기가 경계를 넘어 무성하게 자라 농부들을 수고롭게 하는 성가신 큰 무리의 겨자풀, 보잘것없는 이들의 도전적 의지, 그것이 하나님 나라로 상징되었다. 예수는 하나님 나라 비유에서 백향목으로 상징되는 제국의 압제적 질서를 거부하고, 위계적 구조를 넘어 누구나 참여 가능하고, 무성하게 번져가는 우리 안의 하나님 나라를 선포했다. 열두 해를 앓던 병자를 치유하고, 죽은 이의 몸에 손을 대며, 무덤 속에서 울부짖는 귀신에 사로잡힌 자를 해방하며, 안식일에 제자들과 밀 이삭을 자르며, 예수는 당대 사람들을 짓누르는 엄격한 정결례와 획일화된 율법을 비판했다. 그 것이야말로 인간을 배제하고 존재를 부정하면서 하나님 나라, 새 이스라엘의 희망을 왜곡해왔기 때문이다.

그럼에도 유대인들, 심지어 예수의 제자들까지도 하나님의 정의와 은총이 제국의 지배 질서 속에서 빛나기를 희망했다. 그들은 새 이스라엘과 새 로마에 대한 이상적 열망 속에서 억압과 착취의 고리를 끊어내고자 희망했지만, 예수는 이러한 기대를 과감하게 무너뜨렸다. 대신 세리와 죄인, 병자와 창녀와 함께 하는 열린 식사의 자리에서 지금 우리도 실천하지 못하는 급진적 평등주의를 이루어 갔다. 제국의 지배와 이에 편승하는 율법적 계급 질서가 공동체와 개인 삶의 물질적 토대와 정신적 가치를 파괴할 때, 예수는 철저하게 새로운 방식으로 하나님 나라라는 대안적 삶의 세계를 제시했다.

민족, 계급, 성별, 지위라는 모든 사회적 경계는 하나님 앞에서 무화(無化)된다. 유대 민족, 나아가 그리스도인은 혈과 육이 아니라 예수 그리스도를 영접하고 하나님 나라에 동참함으로써 전적으로 새로운 존재가 되는 것이다. 이스라엘 민족의 신앙은 철저하게 억눌린 자들의 역사 가운데 하나님으로 말미암아 주체가 되는 고백을 통해 이루어졌다. 착취적이고 폭력적 지배, 하나님보다 맘몬(재물)을 중시하는 삶, 신의 이름으로 인간의 탐욕을 채우는 방식, 나와 다른 존재를 지우고 배제하는 삶, 이 모든 것은 결코 하나님의 뜻이 될 수 없다.

성서를 읽는 것은 이스라엘 민족의 역사와 신앙고백을 통해 하나님의 전적 주권과 그 앞에 선 인간의 겸허함을 인정하는 과정이다. 우리는 성서를 통해 창조 세계에서 자연과 인간에 대한 하나님의 관심을 발견하고 자연과 더불어 인간에게 주어진 의무를 수용하며, 하나님에 반하는 제국의 지배 질서에 저항하는 신실한 신앙의 길을 따르도록 결단한 자들이다. 하나님 나라는 개인 영혼 구원만이 아니라 인간과 자연 세계에 대한 포괄적 구원의 메시지로서 전적으로 지금과는 다른 세상을 꿈꾸고 실천하도록 요청한다.

자본주의 시장경제 체제에서 승자 독식의 구조와 물질적 축복이 최고의 복과 가치가 된 지금, 공동체의 연대보다 당장 나와 내 집단의 안위와 이기적 기대가 시급한 것이 우리 사회의 현실이다. 이 과정에서 난민, 장애인, 환경에 취약 계층, 가난한 자, 사회적 약자 등 소위 이 체제의 적응하지 못하거나 발 빠르게 편승하지 못한 이들이 기후 위기의 최전선에 노출되어 있다. 이상기후와 지구온난화의 전 지구적 기후 재앙은 수천 년 지구의 속살까지 파헤치며 인류 문명을 돌이킬 수 없는 위기로 몰아가는 중이다. 우리는 기후 변화의 피해자이지만 동시에 폭력적 착취자이며 가해자이다. 무심코 사용하는 전기와 소비 행위에서 우리는 어느새 암묵적 동조자에서 강제적 행위 주체로 누군가의 희생을 강요하고 자연의 숨통을 죄고 있다. 기후 변화는 바로 인간의 이기와 탐욕으로 빚어낸 자본주의 경제 체제, 그 폭력적이고 착취적인 삶에서 기인한다. 이 생존의 위기를 극복하기 위해서 우리는 성서가 증언하는 하나님의 창조 세계에 담긴 조화로운 관계성 그리고 다른 세상에 대한 예수의 실천적 상상력을 요청하지 않을 수 없다. 성서, 그 신실한 저항의 역사를 통해 그리스도인은 현재 지구 자연과 인간을 억압하는 불의한 경제와 정치 구조를 비판하는 예언자의 정신과 저항의 삶을 이루어가야 할 것이다. 이것이 기후 재앙 앞에선 그리스도인의 최소한의 의무이자 책임일 것이다.

기후 위기 시대, 우리 그리스도인에게
나타나는 안일함의 본질에 대하여

김혜령*

글을 의뢰받고 이렇게 쓰기 힘든 적이 없었다. 단순히 기후 변화에 대한 지식이 짧아서는 아니라고 생각한다. 편집자는 내게 글을 부탁하면서 기후 변화에 대한 과학 지식을 써달라는 것이 아님을 여러 번 강조했다. 대신 신학적 관점에서 교회와 그리스도인들에게 기후 변화의 위기가 얼마나 긴박하고 심각한지를 일깨우는 글을 쓰면 된다고 하였다. 사회적 문제에 대해 교회와 그리스도인의 윤리적 성찰과 실천을 요청하는 글 쓰는 일을 생업으로 삼은 윤리신학자에게 있어, 이번 글도 그렇게 준비하여 써 내려가면 될 것이라 생각했다. 모르면 조금 더 공부하는 데에 시간을 투자하면 될 것이라 낙관하였다. 그러나 이 글을 쓰기 위해 몇 번을 엎었는지 모른다.

---

* 이화여대, 호크마교양대학

지금 새로 펼친 이 hwp 파일 화면도, 언제 또 다시 멈추게 되지 않을는지 두려움과 초조함이 숨 막히게 엄습해 온다.

그래서 생각해 보았다. 도대체 왜 기후 변화라는 주제로 글을 쓰는 일이 이리도 힘든 것인가? 맨 처음에 나를 괴롭힌 것은 언행불일치 문제였다. 내가 기후 변화에 대해 조금씩 관심을 갖기 시작한 것은 이미 꽤 되었다. 탄소에너지 감소를 실천하기 위해서 작년 봄에는 구청에 여러 번 전화를 걸어 태양광 패널 설치에 대해 문의를 하였으며, 그 결과 드디어 올 여름 우리 집 베란다 창문에는 260watt 태양광 패널이 예쁘게 부착되었다. 비닐과 플라스틱 소비에는 늘 죄책감을 갖고 주의하며 사용하려고 한다. 탄소 생산을 기반으로 하는 생필품 쓰레기의 분리수거도 ―완벽하지는 않지만― 제법 노력하고 있다.

그러나 나는 안다. 이 정도 실천 가지고 감히 기후 변화가 심각하니 탄소 소비를 줄이는 새로운 삶의 아비투스를 그리스도인과 교회가 먼저 나서 습득해야 한다고 말할 자격이 없다는 사실 말이다. 여전히 나는 자동차를 홀로 몰고 출퇴근을 한다. 심지어 얼마 전에는 안전을 핑계로 경차에서 준중형차로 바꿨다. 연비가 좋아졌다고 스스로를 위로하지만, 석유 소비의 총량은 오히려 늘어났을 것이 분명하다. 심지어 탄소 감소를 주장해야 할 이 글을 쓰고 있는 이 늦은 밤에도 ―글쟁이의 시간은 언제나 밤에 펼쳐진다고 믿으며― 방 조명과 책상 스탠드를 훤히 밝힌 채, 전기 정수기로 걸러 전기레인지에 끓인 차로 불안한 마음을 달래고 있다. 이뿐만 아니라 말로는 환경과 생태 문제의 심각성을 잘 인지하고 있다고 하면서도, 정치적 투표행위를 할 때에는 인간 사회의 정의, 평등, 노동, 젠더 등의 문제를 먼저 고려한다. 글쟁이들의 언행불일치 문제야 동서고금을 막론하고 어디서나 흔한 것이라는 평계로도 도저히 감출 수 없는 내 의식과 행동의 크나큰 격차에서 비롯된 위선에 대한 자의식이야말로 내가 이 글을 쓰는데 큰 방해가 되고 있음이 분명하다.

하지만 이 글을 쓰는 일이 이리도 어려운 것이 단순히 의식과 행동의 위선적 불일치에 대한 죄의식 탓만이라고 할 수 없다. 내가 내 자신에게 경악스러울 정도로 놀라는 것은 지금 이 시점에도 나의 위기의식이 피상적인 수준에 멈추고 있다는 사실이다. 21세기 가장 위대한 세계 협약으로 손꼽힐 만한 파리협정의 목표 상승치 2.0도가 정말 기적적으로 금세기 말까지 달성된다고 해도, 북극 빙하의 급격한 여름 해빙은 피할 수 없고, 결과적으로 이산화탄소와 메탄가스 배출량이 기하급수적으로 느는 것을 막지 못한다고 한다. 그렇게 되면 지구의 지구 식물의 16%, 척추동물의 8%, 산호 99%가 멸종될 것이며, 2030년에 이미 1억 3,300만 명의 기후 난민이 발생한다. 해수면 상승 위험에서 벗어나 비교적 안전한 지역에 있는 곳에서도 가뭄과 슈퍼태풍, 폭염 등의 이상기후가 빈번하게 일어나, 식량 생산에 중대한 위기가 찾아오고 환경 변화로 인한 다양한 질병들이 인류의 생존을 위협하게 된다. 그러나 더 무서운 것은 많은 과학자들이 우려하듯이 파리협정의 목표치 달성만으로는 지구 환경의 자기복원력의 한계점인 티핑포인트를 넘길 확률이 매우 크며, 이로 인해 인류를 비롯하여 지구 생명체들에게 적합한 현재 상태의 생존환경을 영원히 결코 복원할 수 없는 지구 찜통(hot house)에 빠지게 된다는 사실이다. 물론, 그리된다고 해도 지구라는 행성이 없어지는 것은 아니다. 보다 정확히 말하자면, 인류를 포함한 지구 생명체 전체의 생존 자체가 위협 받는 종말의 시대가 닥쳐오게 된다.

이러한 지구 생명 종말의 시대의 위급은 최근 과학계에서 활발히 논의되고 있는 '인류세'(Anthropocene)라는 개념에 잘 담겨 있다. 이 개념은 인류가 생산한 기체 화합물이 지구 대기의 오존층을 파괴한다는 것을 밝혀내 노벨 화학상을 탄 네델란드 과학자 파울 크뤼천에 의해 처음으로 제시되었다. 지구의 역사는 지구 환경의 지질 변화에 따라 시대의 이름을 붙여 왔다. 기존의 지질학에서는 인류 선사 시대의 신석기 문화부터 현재에 이르는 1만 년의 시간을 '홀로세'(Holocene)라는 지질 시대로 구분했다. 그러나 지난 백여 년 간 인간 사회의 산업화가 급속히 진행되면서 지구 환경은 소행성 충돌이나 지구 전체를 뒤엎는 대화산 폭발의 결과에 버금간다고 말할 만큼 큰 변화에 들어섰다. 대기 중의 이산화탄소 농도는 인류가 신석기 이후 문명을 발전시켜 온 홀로세 평균보다 거의 50%가 높다고 한다. 산업 생산의 놀라운 성장을 위해 산은 채광산업으로, 강은 댐과 인공호수 건설로 그 외형이 근본적으로 달라졌다. 산업 농업에서 뿌려지는 화학비료는 토지의 질소량을 급격히 늘리며 수확량의 획기적인 증가를 가져왔다. 이러한 산업농업의 발전이야말로 지구 행성의 대표종인 인간의 수를 지난 50년 동안 두 배가 되게 했다. 그러나 화학비료로 과다하게 투입된 질소는 하천과 지하수로 흘러들어 부영양화의 원인이 되었으며, 토양 속 미생물들의 정상적 활동이 불가하게 됨으로써 겉보기와 달리 황폐한 대지로 전락하고 있다. 산업 문명에 의해 결과적으로 빙하가 녹고, 해수면이 상승하여 섬과 퇴적물 해안선이 사라지며, 사막이 확장되고, 식물과 동물의 생장 지대가 급속이 달라지고 있다. 이러한 변화의 관점에서 볼 때, 이제 더 이상 인간은 지구 환경과 생태 시스템의 일부를 구성하는 '조금 더 똑똑한 종'이 아니다. 지구 지질과 대기, 해양 그리고 생태 시스템 전부의 결정적인 영향과 파괴적 변화를 100여 년만에 만들어내는 '바로 그 존재'인 것이다. 크뤼천을 비롯하여 기후 위기 문제에 진정성을 갖고 연구하는 학자들이 '인류-세'라는 이름으로 현재의 지구 지질 시대를 특징하여 부르는 이유가 바로 거기에 있다.

그러나 이 새로운 이름에 대해 조금만 깊이 성찰해 본다면, 우리는 이 이름이 얼마나 무서운 이름인지 놀라지 않을 수 없다. 근대 과학적 사고에 익숙한 현대인들은 지구의 나이가 45억 년이고, 호모 사피엔스의 출현이 15만 년 전이라고 할 때, 즉 지구 나이에 인류의 나이가 길게 잡아 0.003%밖에 겹치지 않는데도 지구가 원래부터 인간을 위해 주어졌던 소유물처럼 사용하고 있다. 더 놀라운 것은 이와 같은 인간중심적 사고는 과학자들이 계산한 100억 년 지구 예상 나이에서 인류의 종말을 거의 염두에 두지 않는다. 이러한 의미에서, 우리에게 새롭게 던져진 인류세라는 말은 인류 역시 이제는 화석으로나 남아있는 지구의 옛 주인들처럼 언젠가는 화석으로나 '존재-했음'을 확인할 수밖에 없는 '임시 거주자'일 뿐이라는 사실을 일깨운다. 그래서 나는 인류세라는 말을 처음 들었을 때 —단순히 지질 시대를 가리키는 과학적 용어로만 받아들여진 것이 아니라— 자본주의 산업 문명으로 지구 전체의 소유주가 된 위대한 인류에 대한 권리 인정이자, 동시에 그러한 소유권의 실효적 행위들이 실제로는 인류로 하여금 스스로 자기 종의 자멸을 만들어 낼 것이라는 끔찍한 묵시적 예언처럼 받아들여졌다.

과학자가 묵시적 예언자가 된 세상, 문제는 나를 비롯하여 우리 기독교인들 대부분이 이 예언에 대해 너무나도 안일하게 대처하고 있다는 사실이다. 부인하고 싶지만, 『인류세』의 저자 클라이브 해밀턴은 책 말미에서 다수의 기독교인들의 안일함을 단번에 드러내 주고 있다.

어떤 복음주의 목사들은 이렇게 선언한다. "나는 기후 변화에 관심이 없다. 나는 천국에 있을 것이다." 이토록 냉담한 자라면, 이곳이 아닌 다른 곳이 그에게 더 살 만한 가치가 있는 목적지일 거라는 생각을 하지 않을 수 없다(249).

이 인용구만 보아서는 해밀턴이 일부의 복음주의 기독교인들에게만 실망했다고 보일는지 모르겠다. 그러나 그는 이러한 기독교인들의 태도가 안타깝게도 서구 문명과 정신의 기초가 되어온 기독교 정신의 한계에서 필연적으로 나올 수밖에 없는 것이라고 생각하는 것 같다. 역사학과 심리학, 순수수학, 나아가 경제학을 전공했다는 해밀턴은 자신의 책에서 폴 틸리히, 본회퍼, 프란시스코 교황의 말의 안일함과 무력함을 우회적으로 비판하며, 기독교 역사에 바탕을 둔 서양 정신에 있어서 인류세에 직면한 기후 위기의 문제를 제대로 풀어갈 수 있는 윤리적 자원을 제대로 찾을 수 없다고 본다(물론 그가 기독교 정신에만 실망했던 것은 아니다. 개인의 자유를 절대화한 칸트 이후의 근대철학 전반에서도 기독교와 마찬가지로 우리가 현재 닥친 위기를 풀기 위해 필요한 대안적 윤리가 부재하다고 비판한다).

우리는 해밀턴의 기독교 비판에 대해 기독교 현대 신학, 특히 생태신학과 생태여성신학을 고려하지 않고 있다고 항변할 수 있을 것이다. 하지만 분명한 것은 여전히 기독교인 대부분에게서 —그들이 서양에 있건 한국에 있건 간에— 서양 중세와 근대를 거쳐 발전한 번영과 축복의 기복신앙, 인간중심적 세계관, 이원론적인 구원관, 제국주의적 선교관 등으로부터 벗어날 기미가 거의 보이지 않는다는 사실이다. 나는 이 짧은 글을 통해 기후 위기 앞에 우리 기독교인들이 보이는 이 안일함의 본질이 무엇이지 함께 생각해 보고 싶다.

알고도 지은 죄? 알고도 싶지 않은 죄!

『우리가 알던 세계의 종말』을 쓴 클라우드 레게비와 하랄트 벨처는 왜 환경의식과 실천이 따로 노는지를 묻는다. 그리고는 사람들이 의식이 있더라도 행동의 선택에 있어서 편의를 따라 요리조리 재단하며 설혹 현저히 모순을 발견하더라도 아무렇게나 봉합하는 왜곡된 합리성을 내세우며 일상생활을 영위하는 상태를 반복하기 때문이라고 진단한다. '무엇을 안다'라는 지식이 '무엇을 마땅히 하도록' 만들어야 하는데, 사람들 대부분은 '알고 있다'라는 사실에서 도덕적 우월감을 갖는데 만족한다. 더 나아가 마땅히 해야 하는 행동을 하지 못했을 때 가짜 도덕을 동원하여 잘못된 행동의 어쩔 수 없는 상황을 탓하고, 자기 행동의 잘못에 대해 스스로 용서를 베푼다. 우리 대부분은 '아는 것'은 잘할 수 있지만, '행동하는 것'은 '아는 것'만큼 잘되지 않는 '인지부조화'에 일상이 묶여 있는 것이다.

그러나 나는 이 지점에서 기후 위기에 대한 인지와 행동 사이의 부조화의 이유를 분석하는 '포스트모던의 현대인' 레게비와 벨처가 근본적으로 '근대인' 칸트의 낡은 이분법적 도식을 반복하고 있지 않는가 하는 의심을 하였다. 이들은 인간이 경험 세계에 대한 지식을 '명확하게' 알 수 있다는 것에 한 톨의 의심을 품지 않는다. 그도 그럴 것이 이성의 선천적 종합 능력에 대한 칸트의 위대한 논증 작업을 통해 우리는 경험론적 인식론이 치명적으로 빠지게 되는 회의론이라는 구렁텅이로부터 탈출하여 경험 세계에서 얻는 지식들의 보편성을 확증할 수 있었다. 그러나 칸트는 『순수이성비판』을 잇는 『실천이성비판』을 통해 무언가를 '안다'는 것과 '실천한다'는 것 사이의 불연속도 함께 밝히며, 실천의 능력은 오직 인간 이성이 자기의 자연(생존본능)을 따르지 않고, 보편적 도덕법에 자신의 행동 준칙을 맞추어 따르기로 하는 자율적 능력이고, 그래서 자유의 영역에 속한다고 주장하였다. 그러나 이러한 방식의 사고는 우리로 하여금 인간의 이성이란 무엇인가를 '명확하게' 알 수는 있지만, 자기의 자연(생존본능)에 따라 '아는 것'을 '옳게' 실천하는 자유를 포기하는 나약함에 빠지기도 하는 이중적 능력임을 인정하는 것과 다르지 않다. 그렇다면, 레게비와 벨처가 말하는 기후 위기 앞에 우리가 저지르는 인지부조화라는 죄는 '알고도 지은 죄'라고 할 수 있을 것이다.

그러나 기독교 신앙은 인간의 지성과 실천을 분리하지 않는다. 도덕을 따르는 실천만이 죄의 유혹에 빠지는 것이 아니라, 인지를 담당하는 지성 그 자체가 죄에 물들어 있다고 볼 뿐이다. 아담과 하와가 선악과를 먹었을 때 그들은 선악을 '아는' 하나님이 되길 원했으나, 오히려 자신의 벌거벗은 몸만을 '알게'되었고, 결국 하나님의 낯을 피하여 나무 사이에 숨어버리고 말았다. '벌거벗었다'는 물리적 사실에 대한 명확한 인지를 얻게 되었으나, 오히려 그러한 인지 자체가 창조주 하나님과 명령을 어긴 인간 사이의 간격을 드러내었고, 그 간격에서 벌거벗음이라는 '수치', 즉 가장 기초적인 도덕적 앎이 탄생한다. 이러한 의미에서 보았을 때 기독교 신앙에서 경험 세계에 대한 객관적 앎과 도덕적 앎 그리고 아는 것과 실천 사이에 단절은 근본적으로 존재하지 않는다. 기독교 신앙이 고백하는 인간의 죄는 앎과 실천 중 그 어느 한 부분에만 스며들지 않는다. 실천을 제대로 하지 않는 것은 그것이 이미 제대로 된 앎이 아니기 때문이다. 죄에 물든 앎인 것이다.

서구 근대 사회 이후 경험세계에 대한 과학적 사고가 보편화 되면서 우리는 앎이란 대상에 대한 객관적 앎이라고 믿어왔다. 그러나 기독교의 오래된 가르침으로 보았을 때, 에덴동산에서 추방되어 하나님과 분리된 인간에게 ―앎의 객관성을 추구하고자 하는 의지와 달리― 그가 처한 실존에서 완벽하게 벗어나 있는 완전히 객관적 앎은 성취될 수 없다. 우리의 탐욕과 이기심이 기후 위기의 심각성을 알리는 조금 더 나은 지식들을 외면하고, 심지어 우리의 이익에 따라 지식들을 차별적으로 선택하거나 심지어 조작하기까지 한다.

물론, 인간의 객관적 인식 능력에 대한 의심은 20세기 미셸 푸코가 지식 뒤에 작용하는 권력을 지목할 때도 드러난다. 그러나 포스트 모더니스트인 푸코는 ―마르크스와 달리― 지식 뒤에 작용하는 권력의 실체를 특정 계급으로 주체화하는 것을 반대하며, 우리가 객관적이라고 믿는 모든 지식 뒤에는 정치적이고 경제적인 사회 구조에 따라 은밀히 작용하는 권력 구조가 존재한다고 주장함으로써 보편가능하고 명확한 앎의 가능성을 원초적으로 차단하였다.

그러나 푸코와 달리 기독교는 명확한 앎의 회복 가능성을 궁극적으로 신앙한다. 그것을 '신앙'이라 말하는 이유는 그 능력이 인간에게서 탄생하는 것이 아니기 때문이다. 오직 인간의 이성의 두 능력, 즉 이론 이성과 사변 이성의 힘만으로 인식 주체로서의 인간의 위대함을 드러내고자 했던 칸트와 달리, 신학자 어거스틴은 경험 세계에 대한 객관적 앎은 오직 하나님의 빛에 의해 인도되는 높은 이성으로서의 지혜의 도움 없이는 제대로 성취될 수도, 제대로 사용될 수도 없는 것으로 보았다. 하나님이 조명하시는 지혜는 개인의 자범죄 뿐 아니라 생존을 핑계로 탐욕과 경쟁, 착취와 폭력에 물든 인간 실존 그 자체의 죄를 밝히 비춘다. 그리고 결정적으로 인간과 인간, 인간과 피조 세계의 관계를 회복시키기 위해 우리가 해야할 일들을 제대로 알 뿐만 아니라 제대로 행동하게 한다.

이러한 관점에서 보자면, 기후 위기에 직면하여 나타나고 있는 우리 그리스도인들의 안일함의 첫 번째 본질은 —하나님 앞에 말로는 죄인임을 무수히 떠들어 대면서도— 세계 모든 피조물들과 자녀 세대, 심지어 자기 자신이 가까운 미래의 생존을 위협하게 될 기후 위기의 실체에 대해 '제대로 알고 싶어 하지 않은 죄'에 여전히 매어 있기 때문이다. 다시 말해 우리가 이토록 안일한 것은 그리스도의 값비싼 은혜를 인간 중심의, 나 중심의 그리고 현재 중심의 풍요와 헐값에 바꾸어 먹으면서도 우리가 어떠한 일들을 저지르고 있는지, 어떠한 위험이 닥칠지, 어떠한 방법을 모색해야 할지 제대로 알고도 싶어 하지 않는 무지와 오만의 죄에 사로잡혀 있기 때문이다.

세속 욕망의 성스러운 둔갑

지난 9월 (사)한국교회환경연구소 주체로 열린 '기후 위기와 신학적 응답'이라는 교육 세미나 말미 토론에서 한 청중은 세계적 지도자들과 각국 정부, 기업들이 내세우고 있는 '지속가능한 개발, 지속가능한 성장'이라는 슬로건이 정말로 기후 위기 대응 행동과 함께할 수 있는지 물었다. 그리고 스스로 대답도 하였는데, 그러한 동거가 사실상 불가능하기에 이제는 독재의 방법으로라도 성장주의에 반대하는 '탈성장'의 정책들을 실시해야 하는 때가 아니냐는 질문을 던졌다. 발표자 중 한 패널이 그래도 '민주주의'의 방식에 희망을 걸어야 한다는 중요한 답을 하였으나, 오히려 그 자리에 있었던 대부분의 사람들이 이 해답이 충분히 희망적이지 않다는 사실을 암묵적으로 알고 있는 것 같았다. 또한 더 분명한 것은 정말로 우리가 단순히 지구공학이나 에코 과학의 기술적 도움만으로도 이 정도의 풍요를 그대로 유지하면서, 아니 심지어 지속적으로 성장하면서 2도로 묶어 둘 수 있다는 말은 새빨간 거짓말이라는 사실이다.

레게비와 벨처는 현재 각국에서 기후 위기에 대한 대처로 앞다투어 실시하고 있는 친환경 정책의 기만을 폭로한다. 대표적으로 탄소 배출량이 많은 오래된 차를 새 차로 바꿀 때 지급되는 폐차보조금의 경우만 보더라도 이것으로 얻을 수 있는 환경적 효과와 지속가능성은 실제 매우 낮다. 여전히 또 한 대의 자동차를 굴리며 발생시킬 탄소의 양, 새 차를 생산할 때 배출되는 탄소의 양 그리고 아직 운행에 문제가 없는 약간 낡은 차를 고철로 만드는 비용 등을 계산해 본다면, 폐차보조금 정책은 결과적으로 쇠락한 자동차업체를 지원하며 궁극적으로 국가 기간산업을 방어하려는 경제정책이

라고 하는 것이 더 정확하다는 것이다. 그래서 이 두 학자는 산업자
본주의가 맹신하는 '무한한 성장'이나 '불가피한 성장'이라는 개념
은 마법적이고 유사종교적 성질에 불과할 뿐이라고 말한다.

이러한 이유에서 대부분의 기후환경 운동가들은 '탈성장'의 시
대적 사명을 인정하고 자발적 불편함과 가난함에 기초한 새로운 시
대정신을 만들어내지 않고서는 우리가 과연 지구의 탄력적 회복을
기대할 수 있는 '티핑포인트' 아래로 지구 온도 상승치를 관리할 수
있겠는가'라는 질문을 끈질기게 놓지 않는다.

그러나 안타깝게도 우리는 오늘날 한국의 그리스도인들 대부분
에게서 '탈성장'의 정신을 발견할 수 없다. 바로 이점이 기후 위기에
맞서 그리스도인들이 이토록 안일한 이유의 두 번째 본질과 관련
있다. 2019년 한국 정치의 좌우 이념대립 장에서 극우주의의 배아,
혹은 불쏘시개가 되고 있다고 조롱받고 있는 한국교회는 한반도 분
단체제 아래 발생한 반공사상을 기독교 사상 자체와 일치시키는 일
에 앞장서며 자본주의만이 기독교의 유일한 경제 시스템이라고 맹
신하는 분위기를 확산시키고 있다.

얼마 전 우연히 SNS에서 한 개신교인 유튜버가 성서와 기독교
는 원래 자본주의를 지지한다고 당당히 말하는 것을 보았다. 만약
그의 주장이 서구 근대의 자본주의 성장에 있어서 개신교의 금욕적
윤리와 직업 소명의식, 예정설 등이 결정적인 영향을 끼쳤다고 분
석한 막스 베버의 이론에 근거하였다고 주장한다면, 그 주장은 이
미 더 이상 유의하지 않다는 사실을 밝혀야 한다. 강원돈은 베버가

규명하고자 한 자본주의 정신과 칼뱅주의 사이의 인과관계에 대한 역사적 분석이 근본적으로 왜곡되어 있으며, 구원은 만세전에 이미 예정되어 있으나 구원의 주권이 전적으로 하나님에게 귀속되었음을 설명하고자 하였던 칼뱅의 예정론을 왜곡하여 경제적 성공을 예정의 확신에 대한 가시적 증거로 둔갑시켜 놓았다고 비판하였다.[1]

성서의 경제관이 현대의 자본주의와 다름 아니라고 주장하는 것은 역사적 사실에 대한 왜곡일 뿐만 아니라 성서의 경제윤리 기본에 대한 이해가 얼마나 부재한지를 드러낸다. 백번을 양보하여 베버의 편에서 자본주의를 바라본다고 해도 그가 분석한 초기 자본주의 시대와 달리, 오늘날 우리가 살고 있는 신자유주의 체제 안의 경제 주체들은 더 이상 이웃의 일자리 공급을 염두에 두는 금욕적 윤리를 선(善)으로 여기지 않으며, 정규직과 비정규직의 철저한 차별구조 아래 성스러운 직업 소명의식을 매우 순진한 이데올로기라 여긴다. 또한 그들은 더 높은 금융 이자와 배당액을 좇아 언제라도 '치고 빠지는' 식의 투자 방식을 대학에서, 직장에서, 은행에서 그리고 결정적으로 TV에서 매일 꾸준히 학습 받는다. 이자나 이윤이 붙지 않는 자본이 곧 악(惡)이 되고, 성장하지 않는 국가 GDP로 인해 한 정권의 생사가 갈린다. 그러나 노동자나 무산 계층의 삶의 질과 권리를 고려하지 않고 자본의 성장만을 투자의 원칙으로 삼는 신자

---

1) 강원돈. "교회는 자본주의를 옹호할 수 없다".
  [기사출처] http://www.ecumenian.com/news/articleView.html?idxno=
  19510&fbclid=IwAR3kuszxz8aU0S9Q-0fsy_7737LtCngNbjn-9pAAG5_F2q
  2Ot6cE0jgjYu4 (2019. 11. 23.)

유주의에는 고아나 과부, 이방인으로 상징되는 사회적 약자들을 보호하기 위해 포도밭 네 귀퉁이의 수확을 금지하고 땅에 떨어진 알곡을 줍지 못하도록 했던 구약 성서의 공동체 경제윤리가 완전히 증발되어 버렸다.

일제의 수탈과 한국전쟁을 거치며 지구 최대 빈민국으로 전락한 대한민국에게 있어서 '개발'과 '번영'은 국가와 민족의 생존을 지키기 위해 절체절명의 사명이 되었다. 그리고 이와 중에 개신교가 어떻게 우리 땅에 낯선 자본주의의 원리를 정착시키는 데에 기여하였는지 우리는 잘 알고 있다. 그러나 대다수의 개신교 교회가 전파한 내용은 이웃을 배려하며 더불어 살기 위한 방도를 모색하는 경제 윤리도 아니었으며, 만인에게 봉사하는 성직으로서의 직업 소명의식도 아니었다. 한국 사회에서 개신교와 자본주의가 상호 작용한 것은 부인할 수 없으나, 대부분의 경우 그것은 —베버주의자의 기대와 달리— 높은 윤리와 합리적 정신의 결합이 아니라, 축복과 탐욕의 교묘한 결합에 불과하였다. 종교 사회학자 서명삼은 "대도시 서울에서의 거룩한 두 이야기: 한국 근대화 과정 속 번영신학과 개발신학"라는 최신 글에서 지난 50여 년간 한국교회가 서울이라는 초대형 산업도시의 탄생 과정에서 도시계획과 부동산 경제에 어떻게 선도적으로 참여하며, 교인의 수만큼이나 교회의 부동산을 늘리며 초대형 교회를 탄생시키게 되었는지, 또한 농촌에서 상경한 도시빈민층의 불안을 잠재우면서도 다른 한편으로는 물질적 성공과 계층 상승의 욕구를 추동하는 데에 얼마나 큰 역할을 하였는지 잘 밝히고 있다.

만약 누군가 그래도 자본주의에도 —아담 스미스의 주장처럼— 남을 해치지 않는 수준에서 자신의 욕망을 채우는 합리적 수준의 기본 윤리가 있다고 대변한다고 해도, 산업의 개발과 경제적 번영을 신의 축복으로 왜곡하는 한국 개신교의 성장주의가 '남을 해치지 않는 수준에서' 자기의 욕망을 조절할 수 있는 기본적인 윤리를 가르쳤다고 결코 자부할 수 없음을 상기시켜야 한다. 만약 우리가 자본주의 안에서 남을 해치지 않고도 번영했다고 믿는다면, 해치지 않은 것이 아니라 해친 것을 알고 싶지 않은 죄에 사로잡혀 있다고 말하는 것이 더 진실에 가깝다.

신자유주의를 확산하고 유지하기 위해 반드시 추동시켜야 하는 경제 주체들의 세속적 욕망이 한국교회의 성장주의 흐름 속에서 그리스도인의 성스러운 욕망으로 둔갑해 버렸다. 그 결과, 대부분의 한국 그리스도인들은 이미 비기독교–무신론적 환경주의자들마저 기후 위기를 막기 위해 펼치는 자본주의 비판과 자발적 절제와 가난의 미덕 실천에 대해 거의 완전히 무지하다. 교인 10만 명과 천억 원대 재산을 가진 명성교회의 부자세습 문제와 공공도로 전용 허가가 법원에서 취소되어 복구에만 400억 원에 이르는 재정을 투입해야 할 운명에 처해 있는 사랑의교회 이야기는 성장주의 선교사역이 그동안 은폐해왔던 물질과 권력에 대한 교회 지도자들의 탐욕을 제어할 도덕성이 한국교회에 충분히 남아있는지, 나아가 교회의 공공성과 세계적 책임에 대한 충분한 이해를 할 수 있는 지성이 한국교회에 남아있는지 비관적으로 묻게 한다.

성서의 예언서들은 하나님이 헐벗은 이방인이나 가난한 자, 고아나 과부를 강탈하거나 학대하고, 또한 굶주리게 하는 자에게 그 죄를 묻겠다고 수십 번, 수백 번 다짐하시는 것을 증거 한다. 과학자들은 인류가 기후 위기에 경각심을 이제라도 공유하여 파리협약을 잘 지켜낸다고 해도 이미 2030년에는 1억 3,300만 명의 기후 난민이 자신의 삶의 터전을 잃고 굶주림과 학대에 내몰리게 되는 위험에 처하는 것을 막을 수 없다고 단언한다. 척추동물의 8%도 함께 멸종할 것이라 예언한다. 대부분의 그리스도인들이 이들의 다급하고 처절한 고통에 대해 이다지도 무지한 것은 우리가 그토록 자랑스럽게 생각하는 140여 년의 한국 개신교 선교 역사에 성장과 번영의 기술은 융성하게 꽃을 피워도, 돌봄과 살림의 윤리가 깊이 뿌리내리지 못했다는 서글픈 증거이다.

생태적 종말론의 경고

산업화로 인해 산이 깎기고 땅이 파헤쳐지며 농토와 지하수, 대기가 오염되고 동식물의 멸종되었을 뿐만 아니라 각종 공해병으로 사람들의 건강에 문제가 생기기 시작했다. 이러한 문제에 민감한 사람들은 이미 오래전부터 환경운동을 펼쳐왔다. 그러나 지금 우리가 논하고 있는 '기후 위기'는 기존에 우리의 일상생활에 익숙하게 드러나던 환경 문제들과는 위급성과 피해의 정도 측면에서 질적으로 완전히 차별적인 것이다. 기후 위기는 지구 생명체의 상당수가 30년, 50년, 100년 안에 종말을 고하는 급박한 재앙이다. 그러나 우리는 그 시간 안에 고통 받고 죽음에 위기에 처할 사람들을 '인류'라는 보편적 개념으로 '퉁'치며 넘어가려는 위선적 의식에 스스로를 가두어 두려고 한다. 그렇게 종말을 고하게 될 존재들에 우리 자신의 노년과 우리의 자녀, 우리의 손자·손녀가 포함되어 있다는 사실 일체를 일부러 망각한 사람들처럼 내일이 없이 오늘만 산다.

생명의 종말을 논할 만큼 긴박한 상황에서도 우리 그리스도인들이 안일한 태도를 이토록 버리지 않는 마지막 이유가 무엇일까? 사람들은 우리가 믿는 종교가 불교나 힌두교와 같은 동양종교와 달리 직선적 시간관을 특징으로 가졌다고 말한다. 창조신앙과 종말론적 신앙이 이러한 이해의 이유가 됨이 명백하다. 그런데 나는 불현듯 왜 기후 위기가 몰고 오는 생명의 종말을 눈앞에 두고도 대부분의 그리스도인들은 기독교의 신앙의 핵심인 "종말론적 신앙이 말하는 '그때'를 연결 짓지 못하는 것인가" 하는 의문이 들었다. 그리고 이러한 질문은 우리가 믿는 종말론적 신앙이 과연 무엇인지 생각하는 데로 이끌었다.

한국교회와 그리스도인들 대다수가 공유하고 있는 종말론적 신앙은 일반적으로 종말의 그때를 개인의 차원, 즉 죽음 차원으로 이해하며, 죽음을 계기로 영혼이 육신을 벗고 천국 혹은 지옥이란 초월세계로 옮겨간다고 믿는 내세적 구원관으로 축소되어 있다. 우주론적 종말을 이야기하는 것은 한국 상황에서는 주로 사이비 이단들에게 나타났기 때문에, 기성 주류 교단이 설파하며 가르치는 종말론적 신앙의 내용에는 우주론적 종말에 대한 이해가 빈약하다.

우주론적 종말에 대한 이해가 빈약한 것은 단지 교회만의 문제는 아니다. 개신교 신학의 교리사를 걸쳐 다양하게 발전된 종말론에서 대부분 공통적으로 발견되는 사유방식은 종말의 때에 믿는 자들이 당할 극심한 고통과 참을 수 없는 불의와 악이 결국은 하나님의 승리로 끝을 맺고 이 현세의 종말의 때와는 완전히 다른 새로운 구원 세계가 도래할 것이라는 희망의 믿음 체계라는 점이다. 김정숙은 희망에 근거한 종말론이야말로 절망적인 현실 속에서 우리가 도대체 무엇을 희망하며 어떻게 살아갈 것인가를 철저하게 고민하는 것이 기독교 종말론에 대한 특징이라고 하였다.[2]

그러나 나는 나를 포함한 현재의 그리스도인 대부분이 궁극적인 희망을 지시하는 희망의 종말론의 성급한 결말에 도취되어 그 과정에 이르는 극심한 고통과 불의, 악의 지배에 너무 쉽게 낙관적인 것은 아닌가 하는 생각을 하게 되었다. 나 역시 불트만의 실존주의적 종말론의 거쳐 몰트만의 희망의 종말론으로 나의 종말론적 신앙의 기틀을 다져왔기에, 내 자신이 기후 변화가 초래할 지구 생태계의 종말에 대해 깊이 걱정하기보다, 어차피 하나님이 다시 회복하실 세계라고 믿는 것이 더 큰 믿음이라 나를 기만하였다. 이러한

---

2) 김정숙. "여성신학, 생태신학, 과정신학의 종말론". 한국조직신학회 엮음. 『종말론』. 대한기독교서회, 2012, 260.

종말론 이해가 나로 하여금 결과적으로 기후 위기 앞에 나의 소비
적이고 탐욕적인 삶의 아비투스를 개혁하는 데에 매우 안일하게 만
들었던 것은 아닌가 하는 생각에 이르렀다.

우리 대부분은 예언서와 지혜서를 읽으며 고난과 고통, 죽음의
예언을 쉽게 건너뛰고 '주께서 이스라엘을 회복하실 것이다'라는 말
씀에 안도한다. 최후의 고난은 늘 패스트트랙으로 빠르게 지나가기
를 소망하고 그렇게 기도한다. 그러나 인류세라는 과학적 개념을
알게 되며, 아이러니하게 나는 비로소 지구의 현재 생태계가 인간
의 탐욕과 죄악에 의해 받게 될 하나님의 최후 심판으로 실재하며,
심판 이후 회복의 약속이 결코 자동으로 쉽게 주어질 수 없다는 사
실에 이제야 집중할 수 있게 되었다.

주께서 나에게 말씀하셨다.

사람아, 너는 얼굴을 남쪽으로 돌려라. 남쪽을 규탄하여 외치고,
남쪽 네겝의 숲을 규탄하여 예언하여라. 너는 네겝의 숲에 말하여
라. '너는 주의 말을 들어라. 나 주 하나님이 말한다. 내가 숲 속에
불을 지르겠다. 그 불은 숲 속에 있는 모든 푸른 나무와 모든 마른
나무를 태울 것이다. 활활 치솟는 그 불꽃이 꺼지지 않아서, 남쪽
에서 북쪽까지 모든 사람의 얼굴이 그 불에 그을릴 것이다. 그때에
야 비로소 육체를 지닌 모든 사람이, 나 주가 그 불을 질렀다는 것
을 알게 될 것이다. 그 불은 절대로 꺼지지 않을 것이다'(겔
20:25-48).

너 사람아, 탄식하여라. 그들이 보는 앞에서 허리가 끊어지는 듯이 괴로워하면서, 슬피 탄식하여라. 사람들이 무엇 때문에 탄식하느냐고 물으면, 너는 그들에게 '재앙이 다가온다는 소문 때문이다. 사람마다 간담이 녹으며, 두 손에 맥이 빠지며, 모두들 넋을 잃으며, 모든 무릎이 떨 것이다. 재앙이 닥쳐오고 있다. 반드시 이룰 것이다. 나 주 하나님의 말이다' 하고 말하여라(겔 21:6-7).

물론 타락한 예루살렘의 비참한 마지막 때를 예언한 에스겔서에서도 새 예루살렘과 새 성전을 향한 궁극적 희망은 여전히 남아 있다. 그러나 그날이 오기까지 숲은 모두 타고 숲에서 사는 모든 생명들과 그 생명에 기대어 사는 사람들 대부분도 죽음의 문턱을 넘게 될 것이다. 살아남은 자들도 재앙에 모두 넋을 놓고 극한의 공포에 삶이 질식할 정도로 벌벌 떠는 길고 긴 시간을 거쳐야만, 그 알 수 없는 시간에 회복의 예언이 성취될 것이다.

나는 궁극적 희망을 놓지 않는 기독교 종말론이 지구의 생태적 종말에 대해 무지하지 않기를 바란다. 기독교 신학이 늘 다양성 속에서 진보하였듯이, 우리는 이제 어쩌면 생태적 종말론을 신학적으로 상상해야 하는 시대에 막 다다랐는지 모르겠다. 피조 세계를 돌보는 청지기의 소극적 역할로는 도저히 막을 수 없는 생태적 종말의 위기 앞에, 우리는 주변 강국의 풍요를 질투하며 그들의 신들을 우상 만들어 숭배하던 이스라엘의 과오를 정말로 진지하게 받아들여야 할 것이다. 고대 근동의 제국들의 경제체제와 현대의 자본주의 경제체제의 원리가 서로 다른 것이 분명하지만, 두 경제체제를 굴리는 인간의 욕망은 근본적으로 똑같다. 가난한 자들과 이민족을 착취하며 자연을 대상화함으로써 번영을 누리고자 하는 탐욕의 욕망! 우리가 믿는 종말론적 신앙에서 이러한 탐욕에 대한 신랄한 반성이 앞으로도 계속 부재한다면, 우리는 겉으로는 하나님을 믿는다고 떠들어 대면서도 실제로는 우리의 마음에서 하나님을 죽이고 생태적 종말로 모든 희망을 종료하는 절대적 절망의 시대를 맞이하게 될 것이다.

새로운 삶의 아비투스는 어떻게 가능한가

기후 위기에 대항하는 그리스도인들의 새로운 삶의 아비투스(habitus)는 어떻게 가능한가? 이 무거운 질문에 답하기 위해서는 우리의 신앙이, 신앙인으로서의 우리의 삶이 그리고 교회 공동체의 운영이 지금과는 전적으로 다른 방식으로 이루어지지 않고서는 거의 불가능하다는 사실을 인지하는 수밖에 없다. 인간의 실천뿐만 아니라 인식 자체가 죄로 물들 수 있다는 기독교 인식론의 경계를 언제나 마음에 새기며, 기후 위기 시대에 발생하는 약한 존재들을 적극적으로 지켜낼 수 있는 사랑의 합리성을 간구해야 한다. 이를 위해 그리스도인 스스로가 프로테스탄트 본연의 정신을 따라 교회 지도자에 권위에 모든 것을 맡기지 않으며 자신의 신앙의 양심으로 옳고 그름, 맞고 틀림을 스스로 구분할 수 있어야 한다. 이것을 바탕으로 교회 내부의 권위적 질서를 깨고, 민주적 운영체제를 정착시켜야 한다. 또한 한국교회가 이제껏 주로 추구해 왔던 물질적 축복과 번영이 사실은 기독교 복음의 핵심과는 거리가 있는, 자본주의와의 결탁물이라는 사실을 뼈저리게 되새기며, 교회의 역사에서 오래전에 사라진 자발적 가난의 영성이 다시금 회복되도록 진지한 노력을 펼쳐야 할 것이다. 마지막으로 이원론적인 내세관 수준에 머물고있는 한국교회의 종말론 이해에서 벗어나, 성서 곳곳에서 등장하는 마지막 때의 고통과 비참함이 오늘날 기후 위기가 가져올 전지구적 재앙과 분리될 수 없다는 생태적 종말론을 끊임없이 상상해야 할 것이다. 이러한 상상력만이 원래의 낡은 아비투스로 돌아가고자 하는 인간의 관성을 깨고, 기후 위기의 시간을 조금이나마 미룰 수 있는 새로운 삶의 아비투스를 만들어 낼 것이다.

참고문헌

강원돈. "교회는 자본주의를 옹호할 수 없다".

[기사출처] http://www.ecumenian.com/news/articleView.html?idxno=
19510&fbclid=IwAR3kuszxz8aU0S9Q-0fsy_7737LtCngNbjn-9pAAG5_F2
q2Ot6cE0jgjYu4 (2019. 11. 23.)

김정숙. "여성신학, 생태신학, 과정신학의 종말론". 한국조직신학회 엮음.『종말
론』. 대한기독교서회, 2012, 259-272.

C. 해밀턴/정서진 옮김.『인류세』. 이상북스, 2018.

C. 레게비, H. 멜처/윤종석 외 옮김.『우리가 알던 세계의 종말』. 한울, 2015.

"그레타 툰베리의 외침"에서 "기독교 생태교육"까지

장동현*

기후 위기와 그레타 툰베리 현상

오늘날 기후 위기의 아이콘은 '그레타 툰베리'(Greta Thunberg)다. 그녀는 16세 스웨덴 청소년 기후활동가로 기후 위기의 심각성을 알리기 위해 등교 거부 시위를 진행하고 있다. 작년 여름부터 스웨덴 스톡홀름 국회의사당 앞에서 시작된 그녀의 1인 시위는 이제 전 세계 수백만 명의 시민들을 기후 파업에 동참하게 만들었다. 2019년 9월 UN기후행동정상회담에 참여한 그녀는 기후 위기를 직시하지 않는 전 세계 각국 정상들을 꾸짖었다.

---

* 한국교회환경연구소 책임연구원

사람들이 고통받고 있습니다. 죽어가고 있어요. 생태계 전체가 무너져 내리고 있습니다. 우리는 대멸종이 시작되는 지점에 있습니다. 그런데 여러분이 할 수 있는 이야기는 전부 돈과 끝없는 경제 성장의 신화에 대한 것뿐입니다. 도대체 어떻게 그럴 수 있습니까?[1])

툰베리의 외침은 마치 구약성서의 예언자 이사야가 망해가는 남왕국 이스라엘을 향해 하나님의 심판을 외치는 것 같다. 이사야는 불의로 가득 찬 백성과 탈선한 민족 지도자들 그리고 반역과 뇌물에만 마음이 있는 종교 귀족들에게 하나님의 심판을 선포했다(사 1:4-23). 툰베리는 기후 위기로 고통받는 사람들, 기후난민과 죽어가는 이웃 생명들에 대한 진정성 있는 공감으로 사람들의 마음을 움직였다. 기후 위기의 파국에 직면한 우리에게 그녀의 외침은 동시대 예언자의 선포가 아닐까?

툰베리의 기후파업 시위는 전 세계 사람들을 감동시켰고, 그 활동에 대한 결과로 2018년 노벨평화상 후보가 됐다. 뿐만 아니라, 2019 미국 타임지 선정 '세계에서 가장 영향력 있는 100인' 지도자 부문에 올랐다. 2019년 9월에는 '대안 노벨상'으로 불리는 '바른생활상'(Right Livelihood Awards)을 수상했다. 이제 그녀는 세계적으로 유명한 청소년 기후활동가지만, 그녀가 자라온 삶은 고난의

---

1) 서울환경연합, "그레타 툰베리," '유엔 기후행동 정상회의' 연설 풀영상(한글 자막)/2019.09.23.

과정이었다. 어렸을 때부터 아스퍼거 증후군2)을 앓았고, 거식증에
시달리기도 했다. 그녀는 다른 사람을 똑바로 응시할 수 없을 정도
로 위축됐고, 또래 친구들과도 잘 어울릴 수 없었다. 9살 때부터 기
후 위기 문제에 관심을 갖게 됐고 꾸준히 그 문제에 천착해 왔다.
하지만 자신의 의지와는 다르게 무관심한 사회와 사람들에게 실망
하고 우울증 증세를 보이기도 했다.

　힘들어하던 그녀는 특별한 계기를 만나게 된다. 어느 수업시간
이었는데 해양오염에 대한 문제를 주제로 영화를 관람하게 된다.
영화 속에서 태평양 아래쪽에 있는 멕시코만큼 거대한 쓰레기 섬이
떠다니는 장면을 본다.3) 이 장면이 너무나 충격적이어서 눈물을

---

2) 아스퍼거증후군(Asperger syndrome) 발달 장애의 한 종류.

쏟았는데, 그녀와 함께 그 영상을 본 친구들은 일상생활로 곧 돌아갔지만, 그녀는 그 뒤로 환경운동의 길로 들어선다. 우리가 직면한 기후 위기에 대한 적극적인 공감과 실천이 그녀가 아픔과 좌절에서 일어설 수 있는 힘이 됐다.

당신들은 항상 아이들이 우리의 미래라고 주장합니다. 그리고 아이들을 위해서는 무슨 일이든지 하겠노라고 말합니다. 그 말은 확신에 차 있습니다. 그 말처럼 생각도 그렇다면 우리에게도 제발 귀를 기울여 주세요. 우리는 당신들의 선물을 원하지 않습니다. 당신들이 우리를 데리고 떠나는 패키지 투어도 원하지 않습니다. 당신들의 취미나 무한한 자유 또한 원하지 않습니다. 우리가 원하는 것은 오직 당신들 주위에서 긴박하게 진행되고 있는 지속 가능성 위기를 당신들이 진지하게 받아들이고 해결하기 위해 적극적으로 노력하는 일뿐입니다.[4]

멸종저항의 급진적 운동

기후 위기의 심각성은 그레타 툰베리의 외침과 더불어 유럽에서 급속히 확산됐다. 특히, 2018년 8월 영국에서 시작된 환경단체

---

3) 그레타 툰베리, 『그레타 툰베리의 금요일』(책담, 2019), 57.
4) 그레타 툰베리, 『그레타 툰베리의 금요일』, 123.

멸종저항(Extinction Rebellion)은 기후 위기의 심각성을 생물 멸종과 함께 각인시켰다. 멸종저항은 지금의 상황이 비상사태를 선포해야 하는 상황이라고 단언한다. 특히 기후 위기는 차분하게 절차대로 해결할 수 없는 파국에 직면하게 됐다는 것이다. 이러한 비상사태 속에서 이 단체가 선택한 저항의 방법은 비폭력 불복종 비상행동이다.

이 단체가 주도하는 시위들은 시의회나, 자연사박물관, 교통량이 많은 다리 등을 불법적으로 점거하고 비폭력 시위를 진행한다. 지난 4월에는 영국 워털루 브릿지에서 다이-인(Die-in) 퍼포먼스를 진행해 1,000여 명이 체포되기도 했다. 영국자연사박물관에 전시된 공룡 뼈 아래 수천 명이 누워 다이-인 퍼포먼스를 진행해 인상적인 장면을 연출하기도 했다. 기후 위기의 심각성과 긴박성을 알리기 위해 경범죄를 범하는 시위를 기획하고 진행한 것이다. 멸종저항에 영향을 받아 최근 기후 위기 비상행동은 거리에 눕거나 점거하는 시위가 늘고 있다.

멸종저항 운동의 목적과 목표는 단결하다. 기후 위기에 직면하여 인류가 곧 멸종할 것이라는 주제를 알리는 것이다. 그리고 그 해결을 위해 행동하기 위한 정치적인 장을 만드는 것이다. 멸종저항의 창립멤버 중 한명인 로저 할람(Roger Hallam)은 이 단체의 목적과 목표에 대해 이렇게 말한다.

우선 멸종저항의 목표는 국적을 초월한 사람들이 뜻을 모아 다음

30년 내로 죽을지 살지를 결정하는 정치적인 장을 여는 것인 것
같아요. 직접적으로 말씀드리자면, 현재 시점에서 인류가 마주하
고 있는 가장 중요한 질문이란, "지금처럼 하다가 죽을 것인가, 자
세히 말하자면, 우리 아이들에게 사지와 다름 없는 세상을 물려줄
것인가?"라고 봅니다. 바라건데 저는 그 답이 "살고싶다"였으면
하고 있습니다. 5)

영국의 멸종저항에 영향을 받은 세계시민들은 각국에서 멸종저
항 운동을 진행하고 있다. 특히 한국에서도 멸종저항 한국지부가
개설돼 기후 위기로 직면한 우리의 현실을 폭로하고 있다. 광화문
과 같은 대중이 밀집한 장소에서 기후 위기 비상사태와 탄소 배출
제로를 주장하며 시위를 이어가고 있다. 기후 악당 국가라 할 수 있
는 한국은 2030년까지 탄소 배출 절반을 감축하고 2050년까지 모
든 탄소 배출을 제로화하기로 했지만 멸종저항에게는 매우 부족한
탄소 절감 로드맵이다. 앞으로 한국의 멸종저항 운동도 간단한 캠
페인이나 홍보를 넘어 시민들의 경각심을 일깨우는 급진적 저항으
로 확대될 것이다.

---

5) '멸종저항(Extinction Rebellion)이 체제에 맞서다' 창립자 로저 할람과의 인터뷰
http://thetomorrow.kr/archives/9746.

한국 기후 위기 비상행동

그레타 툰베리의 외침과 멸종저항의 급진적 운동의 물결이 한국에도 몰아치고 있다. 지난 7월에서야 기후 위기 비상행동 준비모임이 시작됐지만 단 두 달만에 수천 명이 대학로로 나와 921 기후 위기 비상행동을 진행했다. 또한 9월 27일은 청소년들 수백 명이 거리로 나와 "기후를 위한 결석 시위"를 진행했다. 9월 21일 진행된 기후 위기 비상행동은 "지금이 아니면 내일은 없다. 기후 위기, 지금 말하고, 당장 행동하라"는 제목으로 300여 개의 시민단체와 오천여 명의 개인들이 참여했다. 시민단체와 시민들은 기후 위기의 심각성을 선포할 뿐만 아니라, 직접 거리를 행진하며 홍보전을 진행하고 종각역에서 다이-인 퍼포먼스를 진행했다. 한국에서 기후 위기에 대한 시민들의 위기감이 어떤 것인지 충분히 확인할 수 있었다.

921 기후 위기 비상행동은 2019년 9월 20~27일까지 미국 뉴욕에서 진행된 UN기후행동정상회의에 대한 강력한 경고 메시지이기도 했다. CNN은 회의 기간 동안 전 지구적으로 139개 나라에서 4,638개의 기후 위기 관련 행사가 진행됐다고 보도했다. 각국 정상들이 모여 회의를 진행하는 자리에 그레타 툰베리도 참여해 기후 위기의 심각성을 외면하려는 정치 지도자들을 꾸짖기도 했다. 기후 위기에 대한 심각성을 전하고 직접 행동을 통해 해결하려는 시민들이 전 세계적으로 확대되고 있는 것을 확인하는 기간이었다.

기후 위기 비상행동에는 특히 종교계의 참여가 많았다. 한국의 5대 종단으로 이뤄진 종교환경회의(개신교, 천주교, 불교, 원불교, 천도교)는 비상행동에 참여해 각 종교의 신앙에 기초해 심각한 재앙을 경고하고 신의 은총과 자비를 기도했다. 또한 각 신앙인들이 앞장서서 생명을 지키고 창조 세계를 회복하자는 연합기도회를 진행했다. 각 종교들의 생명 존중 사상과 평화, 정의 사상이 기후 위기라는 주제로 한목소리를 만들어 공명하는 기도회였다. 921비상행동 당일 천주교 작은형제회를 중심으로 하는 가톨릭 신앙인들이 대학로로 나와 기후 위기를 일깨우고 우리의 책임을 반성하는 미사를 진행했다.

특히 천주교 비상행동은 프란치스코 교황의 칙서 "찬미받으소서"[6]를 통해 더욱 힘 있는 신앙운동으로 참여했다. 이 교황의 칙서는 지구를 공동의 집으로 바라보며, 생물학적 진화 속도에 비해 빠르게 진행된 인류의 사업화와 변화를 비판한다. 오늘 지구가 겪는 고통을 자각하고 기꺼이 신앙인 자신의 고통으로 받아들일 수 있는 신앙을 요청한다. 기후 위기에 대한 개인적 차원과 사회적 차원의 책임 있는 신앙을 강조하는 것이다. 이 칙서는 기후 위기를 세계적인 차원의 문제로 보고 사회, 경제, 정치, 재화 분배에 심각한 문제가 되고 있음을 직시하고 있다. 또한 기후 위기의 피해자들이 소중한 삶과 생명을 상실하는 것에 아파하며 신앙인으로서 이러한 비극에 책임감을 가질 것을 요청하고 있다.

---

6) 한국천주교주교회의.『프란치스코 교황 회칙 찬미받으소서』(2015), 25-30.

[출처] 921 기후 위기 비상행동 기획단

9월 21일 기후 위기 비상행동은 전국 8개 지역에서 동시에 진행
됐으며 서울 대학로에는 5,000여 명의 시민들과 300여 개의 시민
단체가 참석해 기후 위기 현실과 긴급한 대책을 요구했다.

기독교 기후 위기 비상행동

종교계의 기후 위기 비상행동 참여는 각 종단별 신앙운동으로 진행되고 있다. 기독교계 비상행동은 한국기독교교회협의회 생명문화위원회에서 발표한 목회서신[7]을 통해 그 신앙운동의 흐름을 살펴볼 수 있다. 목회서신은 "한국교회여! 기후 위기의 시대, 창조세계의 온전함을 지키는 방주가 됩시다!"는 제목으로 9월 20일, UN기후행동정상회담을 앞두고 발표됐다. 이 서신은 기후 위기에 대한 인식을 넘어 한국교회 신앙인들이 적극적인 행동에 나설 것을 요청한다. 또한 첫 번째로 생태정의 측면에서 기후 난민과 기후 약자에 대한 하나님의 공의와 정의를 강조한다. 선진국의 무분별한 화석연료 사용으로 배출되는 탄소 때문에 고통을 겪는 저개발 국가들의 피해를 지적한다. 이 서신은 한국교회 신앙인들이 하나님의 생태정의 사명을 바로 인식하고 감당하기를 요청한다.

또한 한국교회가 온 생명의 평화를 위해 온 힘을 다할 것을 강조한다. 창조 세계는 멸종의 위기에 직면해 있다. 한 처음에 하나님께서 창조하신 이 세계는 다양한 이웃 생명들이 공존했지만, 이제 기후 위기에 직면하여 생물 다양성이 급속히 감소하고 있다. 미세 플라스틱으로 심각하게 오염된 해양과 난개발로 파괴되는 숲은 그 속에 생명을 영위하는 수많은 이웃 생명들을 멸종에 직면하게 한다.

---

7) 기후 위기에 관한 목회서신 "한국교회여! 기후 위기의 시대, 창조 세계의 온전함을 지키는 방주가 됩시다!" http://www.kncc.or.kr/newsView/knc201909200001.

한국교회는 기후 위기와 생물 멸종이라는 현실 속에 하나님이 주신 생명의 소중함을 생각하며 기후 위기의 현실에 적극 동참할 것을 촉구하고 있다.

세계교회협의회(WCC)도 지난 5월 스위스 제네바에서 "전 지구적 생물다양성 위기에 관한 긴급성명서"[8])를 발표했다. 이 성명서에 따르면 하나님의 피조 세계가 파괴됐을 뿐만 아니라, 인류를 포함한 생물들이 멸종의 단계에 들어섰음을 경고하고 있다. 자연을 지배하고 착취하는 인류의 기존의 삶은 구조적이고 변혁적인 변화를 요청 받고 있다. 이 성명서는 지구상에 존재하는 동식물의 8분의 1에 해당하는 100만 종이 멸종위기에 처했고, 이들 중 50만 종은 생존할 수 있는 서식공간이 없다고 말한다. 동식물의 서식처인 숲과 살림도 2000년 이후 매년 650만ha(우리나라 전체 살림 면적)씩 사라지고 있다. 일부 학자들은 지금의 생물 멸종 속도는 공룡의 대멸종 속도와 맞먹을 정도로 심각하다고 경고한다. 기후 위기와 연동된 생물 멸종은 이제 심각한 재앙으로 세계교회에 닥치고 있다.

기후 위기와 생물 멸종에 직면한 한국교회의 신앙인들은 구원의 방주가 돼야 한다. 노아의 방주가 홍수 심판 속에서 생명을 지키는 방주가 된 것과 같이 한국교회는 기후 위기에 직면해 죽어가는 생명들의 방주가 돼야 한다. 한국교회의 신앙인들은 기후 위기로

---

8) The WCC Executive Committee Statement: The Global Biodiversity Crisis and the Urgent Need For Structural Change.
https://www.oikoumene.org/en/resources/documents/executive-committee/bossey-may-2019.

죽어가는 수많은 생명들을 돌보고 살리는 창조 세계의 청지기가 돼야한다. 기독교 비상행동 참여는 기독교 신앙에 기초해 한국교회를 어떻게 변화키고 기후 위기에 응답하는 신앙인을 길러낼 것인지 묻고 답하는 과정이 될 것이다.

기후 위기와 IPCC 보고서

기후 위기 비상행동은 지구 평균 기온 상승을 1.5℃로 막아야 한다고 주장한다. 이 주장은 2018년 10월 발표된 '기후 변화에 관한 정부간 협의체'(이하. IPCC)의 특별보고서 자료를 토대로 하고 있다. 기후 위기는 지난 30여년 동안 IPCC를 보고서를 통해서 전 세계 정책 결정자들과 시민들에게 전해져왔다. IPCC는 유엔환경계획(UNEP)과 세계기상기구(WMO)가 공동으로 설립한 유엔 산하 국제 협의체이다. 이 협의체는 기후 변화와 관련된 전 지구적 위험을 평가하고 국제적 대책을 마련하기 위해 설립되었다. 전 세계 수백 개의 연구소가 협업하여 기후 변화와 지구온난화에 대한 자료를 수집하고 연구한다.

IPCC가 발표한 지구보고서는 제1~5차(1990, 1995, 2001, 2007, 2014년)까지 연속적으로 발표됐고 2018년 10월 '지구온난화 1.5℃ 특별보고서'9)가 발표됐다. 이 보고서들은 전 세계는 그동안 막연하

---

9) 기후 변화센터 자료실. http://www.climatechangecenter.kr.

게 의심하던 기후 위기의 문제들을 과학적 사실로서 증명했다. 그동안 인류가 지구를 착취하고 파괴한 것에 대한 과학적인 결과들을 보며 충격을 받게 됐다. 가장 최근에 발표된 "지구온난화 1.5℃ 특별보고서"는 기후 위기의 심각성을 다시금 환기시켰고, 전 지구적 위험과 생태계 파괴가 줄어들기보다 더욱 심각하게 진행되었음을 확인시켜 주었다. 또한 각 국가와 정부가 어떻게 기후 위기에 대응해야 할 것인지 정책결정자들에 대한 지침도 담고 있다.

"지구온난화 1.5℃ 특별보고서"가 강조하는 내용은 산업화 이후 지구의 평균 온도가 약 1℃ 가 상승했고, 2030년부터 2050년까지 0.5℃로 온도 상승을 막지 못하면 인류가 지금까지 경험해보지 못한 기후 재앙을 맞게 될 것이라는 경고이다. 기후 위기의 결과는 인류가 간빙기 이후 경험해보지 못한 혹독한 기후 재앙이 될 것이다. 인류 문명은 산업화 이후 화석 연료를 사용하게 됐고, 그 결과로 온실가스가 계속

[출처] IPCC www.climatechangecenter.kr/소식/자료실. 지구온난화 1.5℃특별보고서는 2018년 10월, 인천 송도에서 진행된 IPCC 총회에서 발표돼 기후 위기의 심각성을 다시 한번 환기시켰다.

해서 증가하고 있다. 기후 위기가 심각한 결과를 맞이하게 되는 기후 임계점은 10여 년 후 도달할 것으로 예상된다. 지구의 온도 상승은 대기 중 이산화탄소 농도 변화를 통해 그 추이를 확인하게 되는데, 기후 임계점은 이산화탄소 농도 450ppm으로 예상된다. 이는 공기분자 100만 개 대비 이산화탄소 분자의 개수를 측정한 값이다. 이산화탄소 농도는 체계적인 측정이 시작된 1958년 이후 약 20%가 증가했고, 2010년대에는 산업화 초기에 비해 40%가 증가했다.

임계점 이후의 지구는 심각한 기후 위기에 직면할 것이다. 현재 인류가 배출하는 탄소량이 21세기 말까지 지속된다는 기후 변화 시나리오는 지구 평균 기온이 약 4℃ 정도 상승할 것으로 예상한다. 이 시나리오에 따르면, 기후 임계점을 넘은 세계는 그동안 인류가 경험해보지 못한 급격한 기후 재앙을 겪게 될 것이라고 경고한다. 급격한 기후 변화는 상당한 온도 상승과 폭우와 슈퍼 태풍, 가뭄과 혹한 등을 일으킬 것이다. 지구온난화의 가속화로 인해 해수면이 상승하고 북극 툰드라 지역에 얼어있던 동토층에서 탄소 배출도 가속화할 것이다.

급격한 기후 변화와 지구온난화로 진행되는 기후 위기는 경작지를 상실시켜 식량 위기와 대규모 환경 난민을 발생시킬 것이다. 지구온난화는 일반적으로 해양보다 육지에서 더 크게 나타나게 될 것이다. 또한 기후 약자와 저개발 국가에서 더 큰 사회적 피해를 입게 될 것이다. 기후 위기는 국가시스템을 붕괴시키고 내전이나 난민 등의 사회적 문제를 발생시킬 것이다.

이 특별보고서는 세계의 재앙이 시작될 지구 평균 기온 상승폭을 1.5℃로 제안한다. 평균 기온 상승폭을 1.5℃로 막기 위해 각국들은 구체적인 탄소 절감 로드맵을 작성해야 한다. 2050년까지 지구 평균 기온 상승폭을 1.5℃로 막기 위해 전 세계 국가들의 이산화탄소 발생량을 제로로 만들어야 한다. 기후 위기에 응답하는 탄소 절감 요청은 우리나라도 예외가 아니다. 한국에 요청되는 탄소 절감량은 2015년 발표된 파리기후협약에서 제시한 탄소 절감량의 전망치보다 37%의 온실가스를 더 줄여야 한다. 이러한 탄소 절감을 지키기 위해 정부가 제시한 정책은 에너지 전환을 통해 에너지 효율을 증대하고 재생가능 에너지 보급을 확대하는 정책이다. 하지만 전문가들은 이러한 수준의 에너지 전환 정책으로는 2050년 탄소제로 국가는 불가능하고 말한다. 기후 위기에 직면하여 한국은 2030년까지 더 과감한 에너지 전환 정책과 화석연료 사용 금지 정책을 요청받고 있다.

이러한 국가 정책적인 에너지 전환 로드맵과 함께 시민사회, 기독교계와 연계하여 진행할 수 있는 에너지 전환 정책과 탄소 절감 정책이 필요하다. 특히, 한국교회는 탄소 포집을 위한 숲과 산림을 조성하고 가꿀 필요가 있다. 1.5℃ 특별보고서는 각 국가의 정책 결정자들에게 기후 위기 대응 활동을 제시할 뿐만 아니라, 국가 정책으로 해결될 수 없는 시민들의 세계관의 변화를 강조한다. 기후 위기로 우리가 경험하는 '폭염, 극한 기온, 폭우와 가뭄, 기근' 같은 기후 재앙은 기후 난민과 빈곤층, 사회적 약자에게 더욱 심각하게 영향을 미치게 되기 때문이다. 이 보고서는 기후 위기의 사회적인 영향을 강조하며 기후 위기에 적극적으로 대응하는 세계관의 변화를 요청한다. 기후 위기의 결과는 사회정의와 평등, 인간의 존엄과 관계된 사회문화적인 것과 깊게 연관되어 있다. 기후 위기 문제는 종교인들에게 시민들의 세계관을 변화시키기 위한 마중물의 역할을 요청하고 있는 것이다.

생명을 보듬는 하나님의 품, 숲과 살림

기후 위기를 막고 아름다운 창조 세계를 되찾기 위한 최고의 실천은 역시 나무를 심고 숲을 가꾸는 것이다. 우리가 배출한 이산화탄소와 대기오염 물질은 숲을 통해 맑은 공기로 정화될 수 있다. 또한 숲을 가꾸고 조성하는 것은 그 속에 삶을 영위하는 많은 이웃 생명을 보듬는 일이다. 생물 멸종에 직면한 수많은 생명체들은 숲에 깃들여 살아가고 있다. 숲은 생명을 보듬는 하나님의 품이다. 숲을 파괴하는 것은 생명을 죽이는 일이고 하나님의 은총을 거부하는 불신앙이다. 세계교회협의회가 생물 멸종의 심각성을 긴급 성명서로 발표한 것도 이웃 생물들의 생명의 죽어감이 기독교 신앙에 비춰 가장 심각한 위기로 인식했기 때문이다. 동물과 식물로 대표되는 이웃 생명은 하나님께서 한 처음부터 어울려 살라고 보내주신 반려자이다. 한 처음 하나님의 창조 이야기가 담긴 창세기 2장은 이웃 생명들을 인류에게 보내신 참 의미가 잘 담겨 있다.

> 주 하나님이 들의 모든 짐승과 공중의 모든 새를 흙으로 빚어서
> 만드시고, 그 사람에게로 이끌고 오셔서, 그 사람이 그것들을 무엇
> 이라고 하는지를 보셨다. 그 사람이 살아 있는 동물 하나하나를 이
> 르는 것이 그대로 동물들의 이름이 되었다(창 2:19).

하나님이 인류에게 보내주신 이웃 생명들은 인류가 하나하나
이름을 불러주며 그들의 존재를 우리의 반려자로 받아들이게 된다.
이름을 지어 부르는 것은 그들의 존재를 인정하는 것이고 인격적인
관계를 맺는 것이다. 창조 세계를 보전하고 돌보라는 청지기적 소
명은 이웃 생명들에 대한 새로운 이해를 촉구한다. 그동안 인간의
필요에 따라 관리하고 때로는 착취하던 동식물이 아니라, 하나님의
같은 피조물로 인간과 같이 생각할 필요가 있는 것이다. 기후 위기
와 생물 멸종이라는 현실에 직면하여 동물과 식물을 생명의 이웃으
로 인정하고 그들과 더불어 살아가기 위해 노력해야 한다.

소중한 생명을 보듬는 숲은 하나님의 은총이고 인간이 청지기
로서 지키고 보전해야 하는 중요한 대상이지만 우리의 현실은 그렇
지 않다. 우리나라 전 국토의 숲은 자본의 탐욕으로 수난을 당하고
있다. 2018 동계올림픽이라는 이벤트를 위해 수백 년 된 가리왕산
숲을 파괴하고 복원하겠다던 약속도 미루고 있다. 또 전국의 산림
에는 골프장을 짓는다는 이유로 파괴가 진행되고 있다. 토양지하수

정보시스템 2017년 자료[10])에 는 전국의 골프장 수가 527개에 달한다고 한다. 청정지역으로 알려진 제주도의 오름과 곶자왈숲은 난개발로 파괴되고 있다. 이 외에도 설악산 오색케이블카 문제와 한수원이 계획 중인 양수발전소의 문제 그리고 DMZ, 전국 각지의 골프장 예정 부지 등 전 국토의 숲 파괴 과정은 창조 세계의 파괴를 그대로 보여준다.

기후 위기와 생물 멸종의 파국 앞에 우리는 하나님이 값없이 주신 햇빛과 바람 그리고 물의 은총을 다시 생각해야 한다. 자연을 통해 값없이 주신 신재생 에너지들을 교회가 적극적으로 설치하고 생산해야 한다. 또한 최고의 은총은 생명의 숲이다. 지금 직면한 생태학적 문제들을 해결할 뿐만 아니라, 생명을 낳고 기르는 어머니와 같은 숲을 교회가 앞장서서 지키고 확대해나가야 한다.

숲의 소중함을 확대하는 것과 더불어 한국교회는 교회를 창조섭리에 맞게 변화시키는 녹색 선교가 필요하다. 녹색교회의 선교활동 중에서 대표적인 활동은 바로 에너지 전환의 실천이다. 한국교회 공동체의 교회당 옥상과 여유 부지를 이용하여 에너지 전환을 위한 햇빛발전소를 설치해야 한다. 자연의 숲과 녹지를 파괴하는 태양광 발전소가 아니라 도시의 건물과 유용한 땅을 이용한 햇빛발전소의 건설이 절실하다. 햇빛발전이 단순히 우리의 욕망과 탐욕을 채우기 위한 에너지 생산의 도구가 아니라, 하나님의 값없는 사랑과 은총의 선물임을 명심해야 한다. 햇빛발전을 통해 생산한 에너

---

10) 골프장 오염관련 자료실. http://sgis.nier.go.kr.

지는 햇빛 기금을 만들어 지역의 창조 세계 보전 활동을 위해 사용해야 한다. 지역과 더불어 창조 세계를 회복하는 생태환경의 선교가 이뤄질 수 있을 것이다.

교회 옥상과 남는 땅을 이용한 햇빛발전소는 대안적인 에너지 전환을 가능하게 한다. 또한 에너지 수요의 측면에서 에너지 절감을 통해 에너지 전환을 이룰 수 있다. 우리가 사용한 에너지의 사용량은 전 세계에서 가장 높은 수준에 있다. 에너지를 절감하는 것은 쉽고 간단한 실천이지만 그 결과는 생태학적 위기를 해결하고 창조 세계를 회복하는 가장 적극적인 실천이 된다.

기후 위기와 기독교 생태교육

기후 위기로 파괴되는 창조 세계를 회복하기 위해 한국교회 신앙인들은 온 힘을 다해 기도하고 실천해야 한다. 기후 위기와 생물 멸종의 문제는 우리의 삶의 자리의 변화 없이는 해결이 힘들다. 최근 발표된 기후 변화 특별보고서가 시민들의 세계관 변화가 꼭 필요하다고 강조한 것도 일상생활의 실천을 통해서 전 지구적인 문제가 해결가능하기 때문이다. 한국교회의 신앙인들은 생태적 회심을 통해 창조 세계를 파괴하던 삶을 돌이켜 지속가능한 삶을 만들어 갈 수 있을 것이다.

한국교회의 생태적 회심은 한국교회가 직면한 생태학적 위기의 현실 특히, 기후 위기와 생물 멸종의 현실을 직시하는 것에서 시작한다. 이러한 생태학적 위기의 현실은 한국교회 공동체의 환경교육을 통해 지속적으로 교육돼야 한다. 또한 생태적 영성을 함께 나누고 창조 세계의 은총을 회복할 수 있는 예배와 기독교 생태교육을 진행해야 한다.

기후 위기와 생물 멸종의 현실에 직면하여 한국교회는 신앙적인 생태교육을 요청받고 있다. WCC 교육위원회의 2019년 5월 발표한 선언문에서 세계교회가 교회교육과 신학교육에서 생태교육을 진행해야 한다고 권고했다. 생태학적 위기 속에서 요청되는 교회교육은 기독교 생태교육이다. 이러한 교육은 그동안 인간의 역사와 삶을 비판적으로 보는 것에서 시작한다. 신앙인들은 성서를 토대로 인간과 자연 그리고 하나님의 관계를 새롭게 보게 된다. 기후위기와 생물 멸종의 상황은 인간과 자연의 관계가 잘못 되었다는 것을 보여주는 것이다. 인간과 자연의 관계가 어긋난 것은 성서가 고백하는 하나님과의 관계가 왜곡, 단절된 또 다른 형태라고 할 수 있다.

기독교 생태교육은 하나님과 인간 그리고 자연이 단절된 관계를 다시 회복하는 것을 목표로 한다. 이러한 관계의 회복은 성서가 고백하는 하나님의 구원사와 관련이 있다. 성서가 말하는 이스라엘의 역사는 이러한 구원사를 잘 설명한다. 구약성서는 하나님의 구원사가 시작된 이유를 인류의 타락과 도덕적 무질서(혼돈)에 그 원인이 있다고 말한다. 하나님의 구원사는 창세기 3장에 나타난 에덴

설화를 통해 상징적으로 묘사된다. 하나님 나라의 원형인 에덴동산은 하나님과 인간 그리고 자연이 통일되어있는 세계이다. 하지만 인간은 자신들의 죄와 악을 통해 하나님과 또 자연과 단절하게 된다. 이러한 관계를 회복시키기 위한 하나님의 노력은 구원사를 통해 나타난다. 따라서 기독교 생태교육을 한다는 것은 이러한 생태학적 위기의 현실 속에서 하나님이 일궈 가시는 구원사에 참여하는 것이고 또한 그것을 교육하는 것이다.[11]

기독교 생태교육이 추구하는 것은 하나님과 인간 그리고 자연의 온전한 통일이다. 이러한 통일은 생명의 공동체 안에서 그 원형을 발견할 수 있다. 생명의 공동체는 사랑의 공동체이다. 생명의 공동체를 사랑의 공동체로 정의할 수 있는 것은 생명의 의미 안에 하나님의 사랑이 담겨 있기 때문이다. 인간을 포함한 생명체가 자신의 생명을 유지하기 위해서는 다른 생명들의 희생을 필요로 한다. 생명의 운영체계에는 자기를 위함과 타자를 위함이 함께 포함되어 있다.[12]

하나님 창조하신 생명체는 다른 이웃 생명체의 생존을 위해 자신의 소중한 생명을 희생한다. 이웃들을 위해 자기를 내어주는 희

---

11) 이향명, 『20세기 학문이론에 대한 반성과 오늘의 기독교교육』(한신대학교출판부, 2009), 219-220.

12) 이준모는 '헤겔의 생태신학과 생태적 기독교교육학'을 논하며, 생명의 영성을 회복하는 것은 '타자를 위한 존재'와 '자기를 위한 존재'의 영성의 계기가 통일됨으로 설명한다. 이준모, 『생태적 인간-헤겔의 생태신학과 생태적 기독교교육학』 220-221.

생은 생명현상의 중요한 한 축이다. 반면 다른 한 축은 자기를 위함이다. 한 생명체가 죽지 않고 계속해서 살려는 생명체의 속성이다. 하지만 인간은 자기를 위한 측면만을 강조했고 하나님과 인간과 자연을 단절시키고 소외시킨 결과를 가져왔다. 인간은 자연을 자신의 생명 확장과 삶을 영위하기 위한 대상으로 전락시키고 파괴했다. 우리가 직면한 생태학적 위기는 바로 자연에 대한 인간의 착취와 파괴의 결과라 할 수 있다. 따라서 오늘날 우리가 직면한 위기를 인식하고 해결하기 위한 교육으로서 기독교 생태교육은 이러한 생명현상을 재확인 하는 것에서 시작한다. 기독교 생태교육은 하나님과 인간 그리고 자연의 단절과 소외를 극복하는 것이고 이러한 극복은 원형적 생명공동체의 회복에 있다. 이는 하나님이 일궈 가시는 하나님 나라 운동에 참여하는 것이고 생명의 중요한 축인 타자를 위해 자기를 내어주는 하나님의 희생적 사랑을 회복하는 것이다. 하나님 나라 운동으로서의 기독교 생태교육은 생태학적 위기에 직면하여 하나님과 인간 그리고 자연의 단절과 분리, 소외를 극복하는 교육이 될 것이다.